Build It!

Make Supercool Models with Your Favorite LEGO® Parts

TRAINS

Jennifer Kemmeter

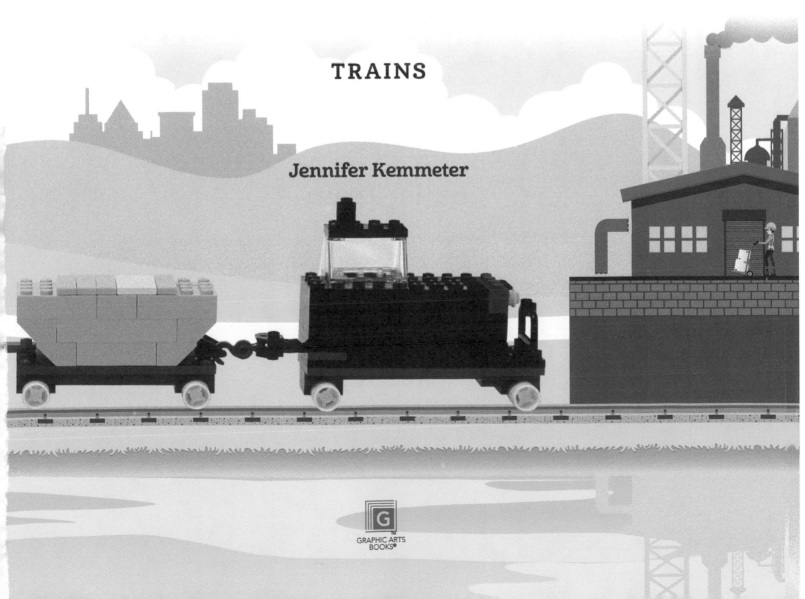

GRAPHIC ARTS
BOOKS®

Contents

Passenger Train

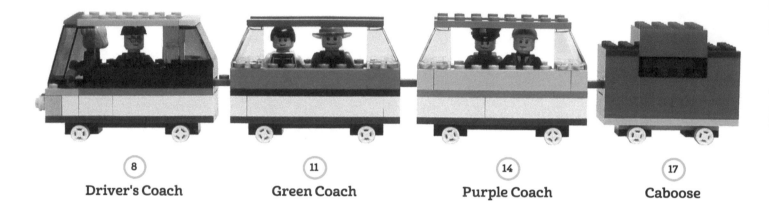

8
Driver's Coach

11
Green Coach

14
Purple Coach

17
Caboose

Bullet Train

22
Bullet Train
Car 1

26
Bullet Train
Car 2

29
Bullet Train
Car 3

Freight Train

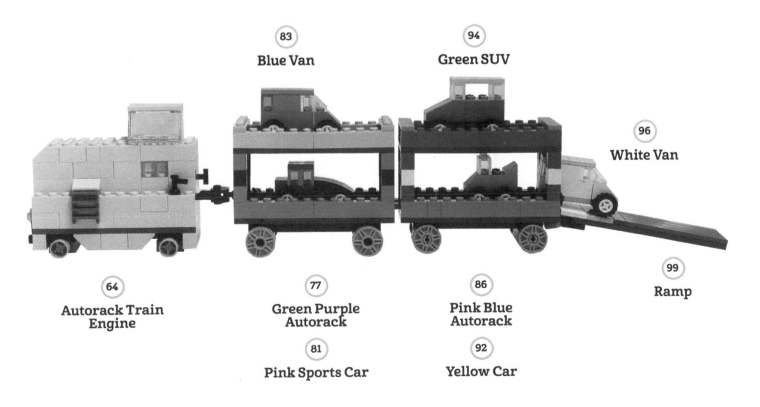

36	42	48	52	58
Freight Train Engine	Boxcar	Freight Car	Tank Car	Container Car

Autorack Train

83
Blue Van

94
Green SUV

96
White Van

64
Autorack Train Engine

77
Green Purple Autorack

86
Pink Blue Autorack

99
Ramp

81
Pink Sports Car

92
Yellow Car

How to Use This Book

What you will be building.

Build the Bullet Train Car 1

A photo of what your finished Train Car will look like.

An illustration of the finished Train Car that looks like the pictures in the steps.

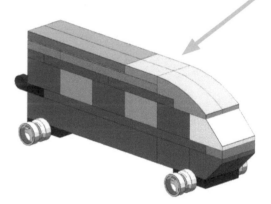

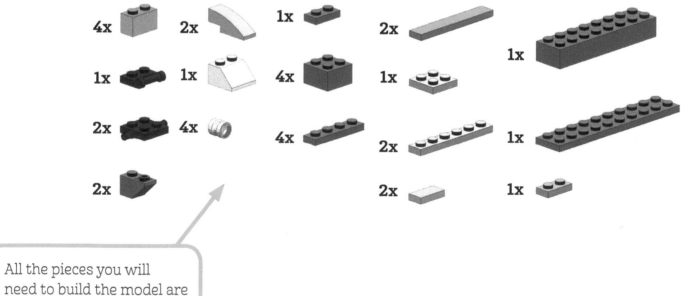

4x   2x   1x   2x   1x

1x   1x   4x   1x

2x   4x   4x   2x   1x

2x   2x   1x

All the pieces you will need to build the model are listed at the beginning of each of the instructions.

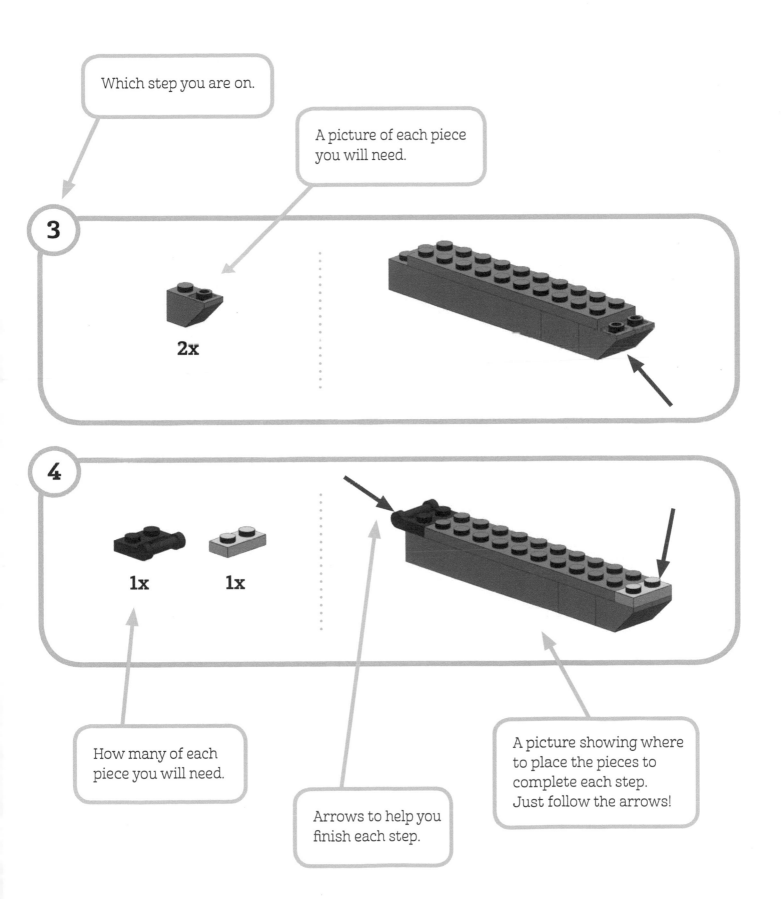

Which step you are on.

A picture of each piece you will need.

3

2x

4

1x **1x**

How many of each piece you will need.

Arrows to help you finish each step.

A picture showing where to place the pieces to complete each step. Just follow the arrows!

Passenger Train

Caboose

Purple Coach

Green Coach

Driver's Coach

Build the Driver's Coach

 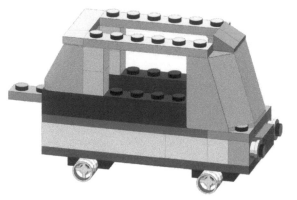

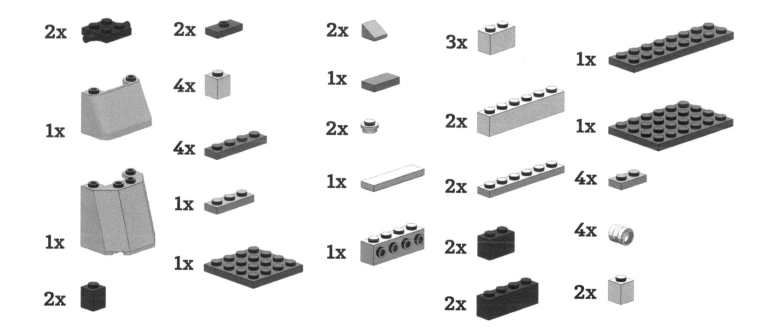

2x
1x
1x
2x

2x
4x
4x
1x
1x

2x
1x
2x
1x
1x

3x
2x
2x
4x
2x

1x
1x
4x
4x
2x

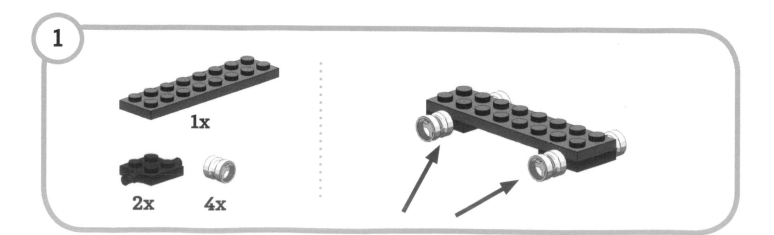

1
1x
2x   4x

2

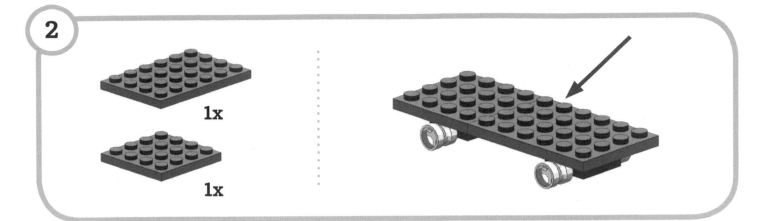

1x

1x

3

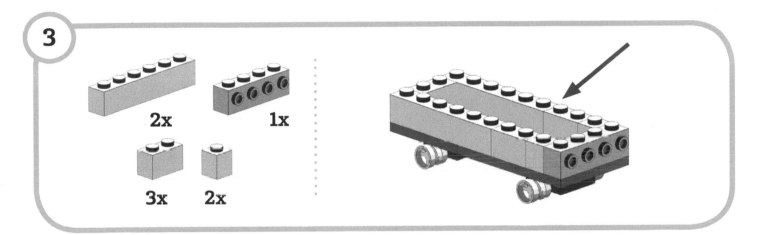

2x

1x

3x

2x

4

4x

3x

1x

5

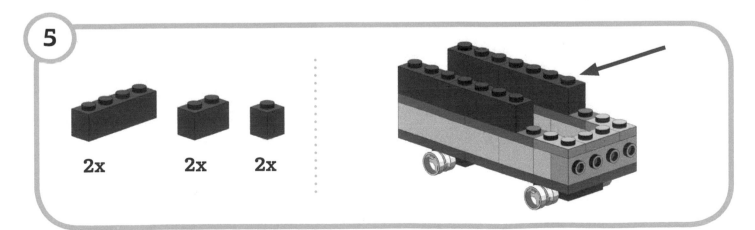

2x

2x

2x

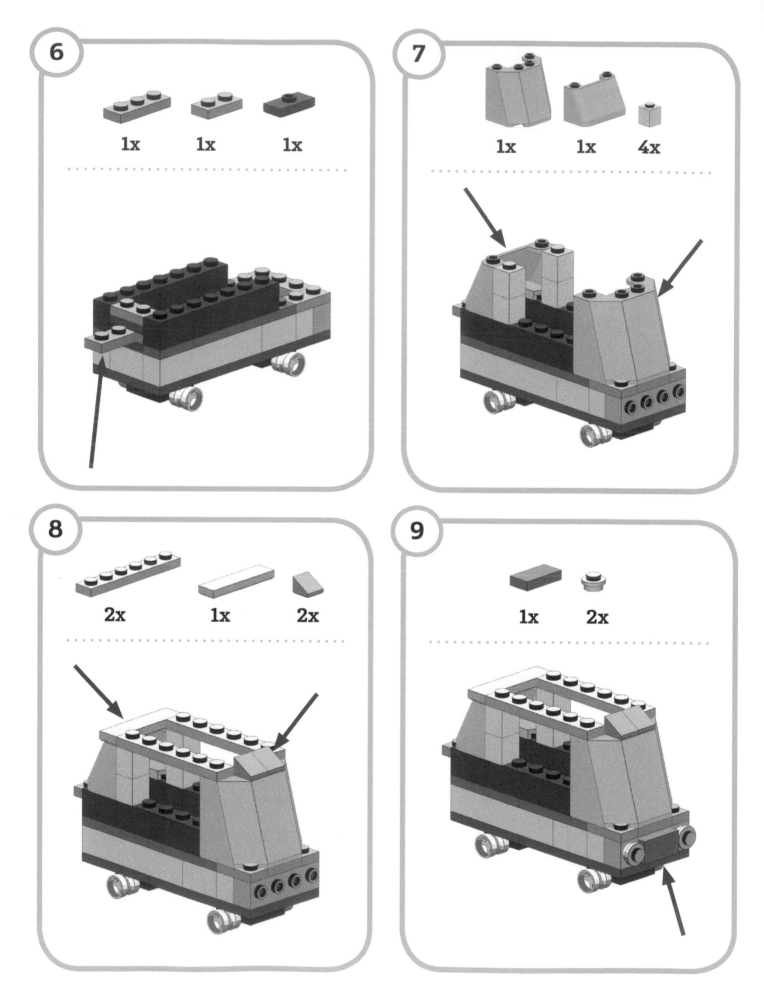

6

1x 1x 1x

7

1x 1x 4x

8

2x 1x 2x

9

1x 2x

Build the Green Coach

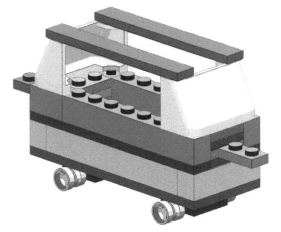

2x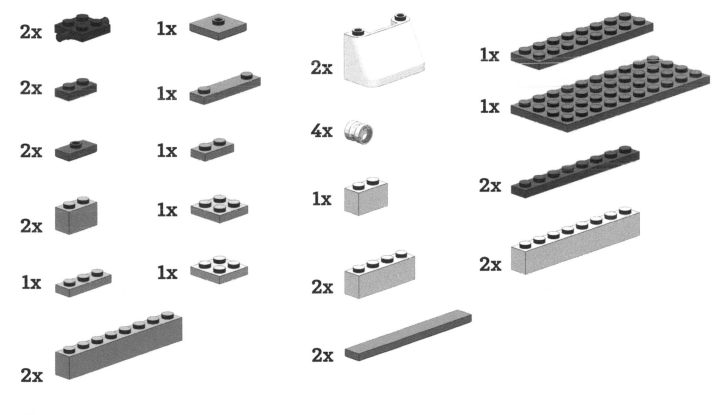

2x

2x

2x

1x

2x

1x

1x

1x

1x

1x

2x

4x

1x

2x

2x

1x

1x

2x

2x

2x

1

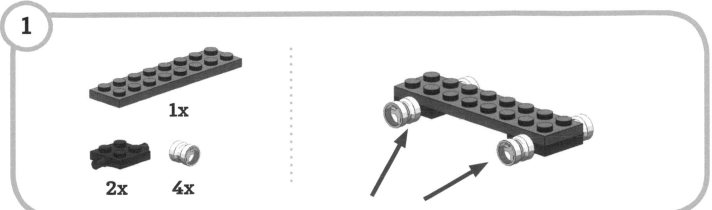

1x

2x   4x

2

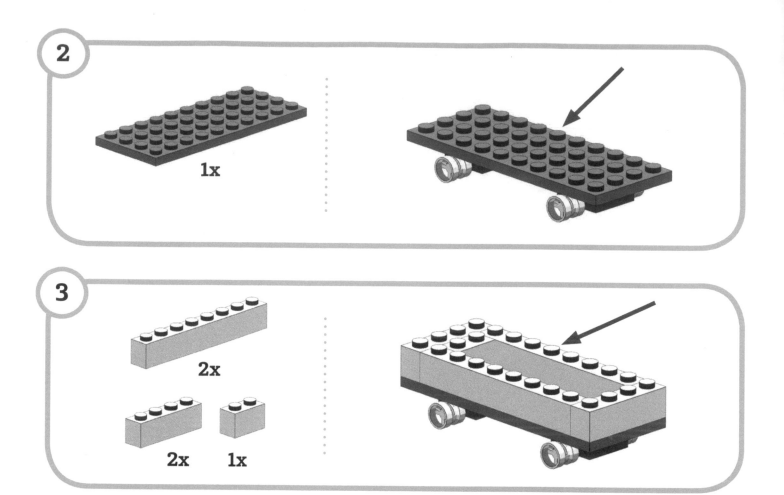

1x

3

2x

2x   1x

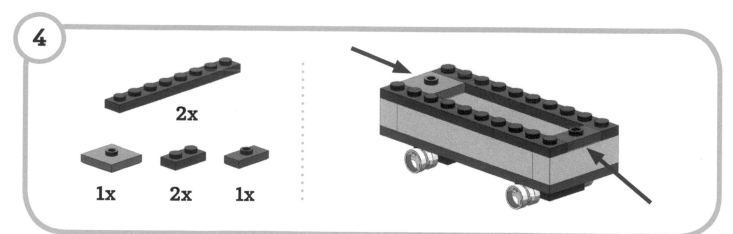

4

2x

1x   2x   1x

5

2x   2x

1x   1x

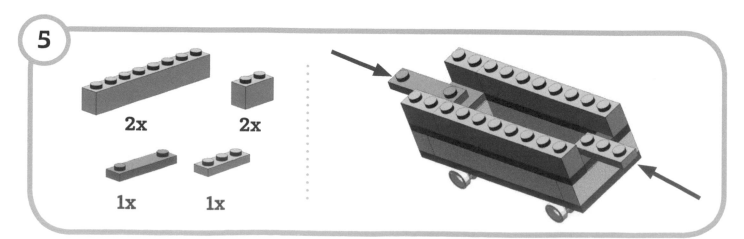

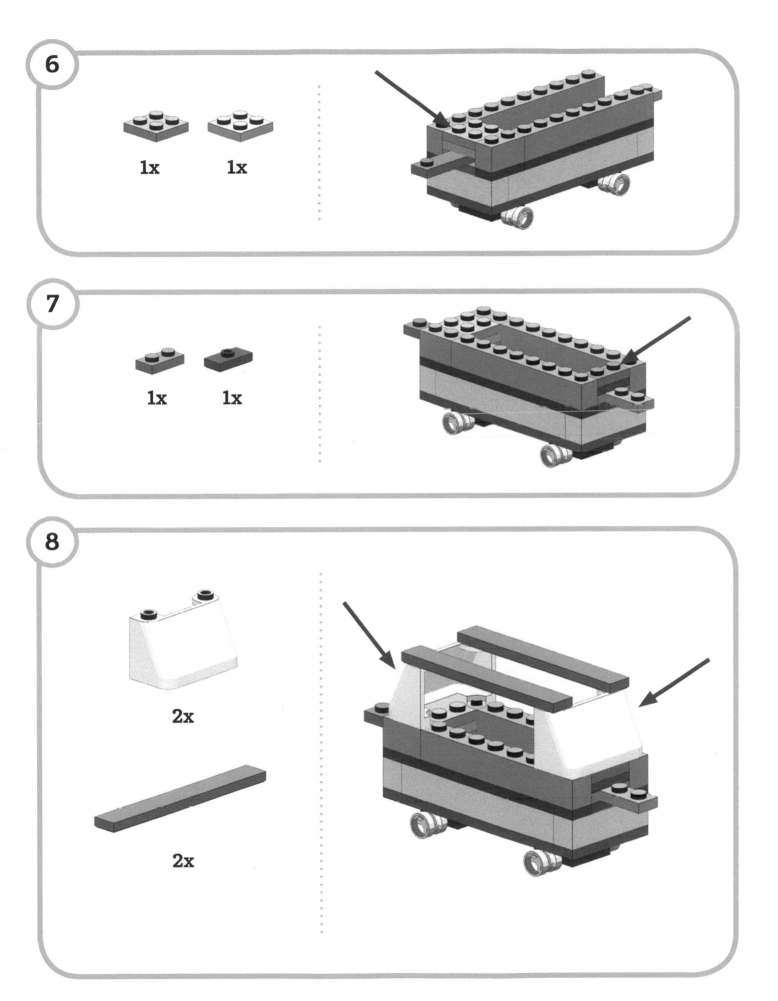

6

1x 1x

7

1x 1x

8

2x

2x

Build the Purple Coach

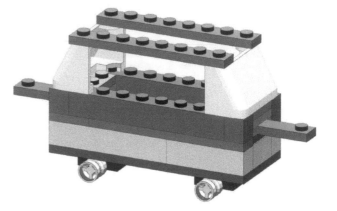

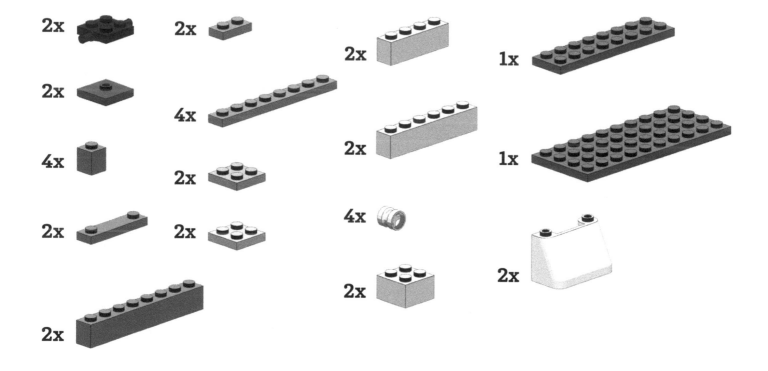

2x
2x
2x
1x
2x
4x
4x
2x
2x
2x
1x
2x
4x
2x
2x
2x

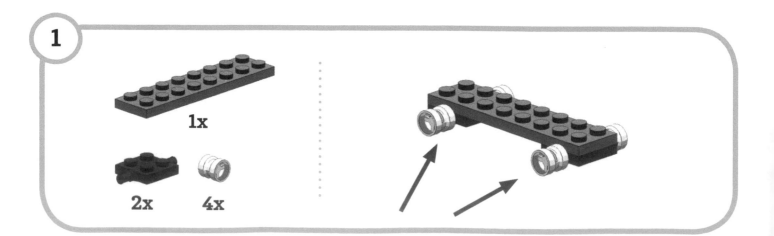

1

1x

2x   4x

2

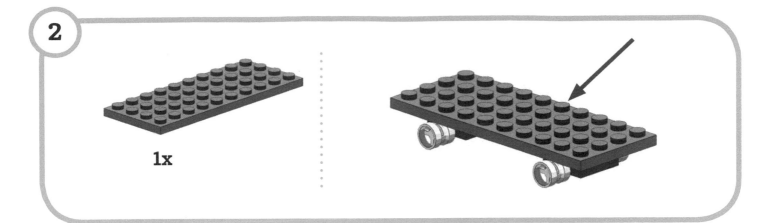

1x

3

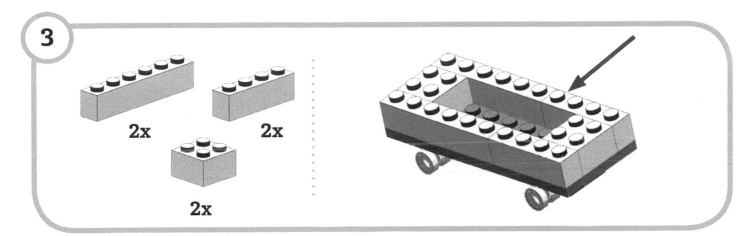

2x　2x

2x

4

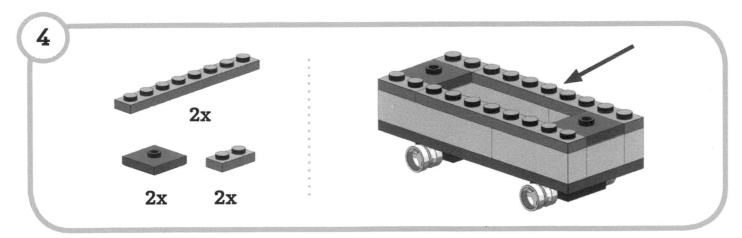

2x

2x　2x

5

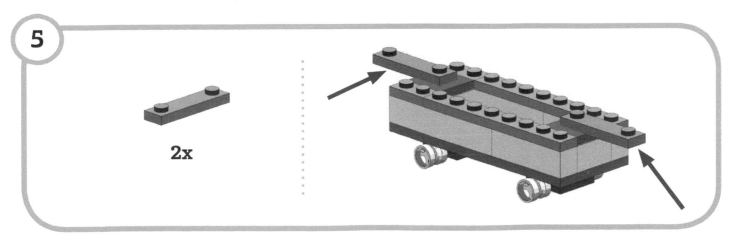

2x

6

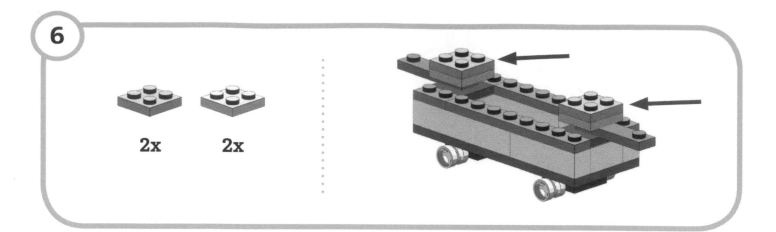

2x   2x

7

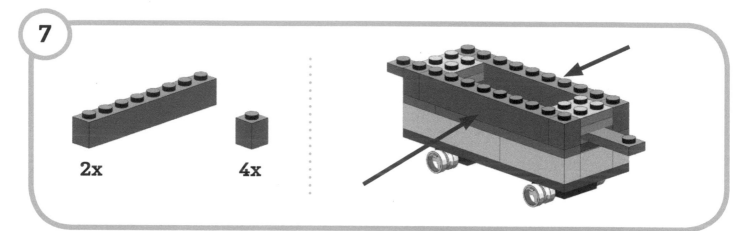

2x   4x

8

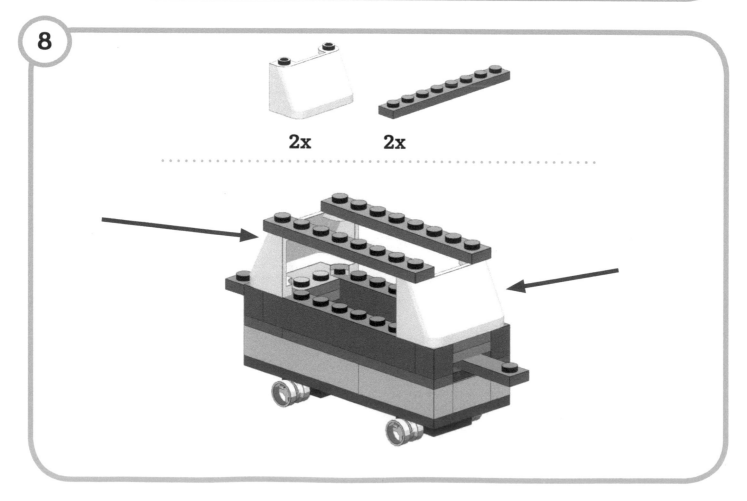

2x   2x

Build the Caboose

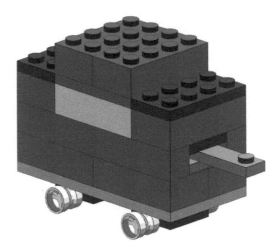

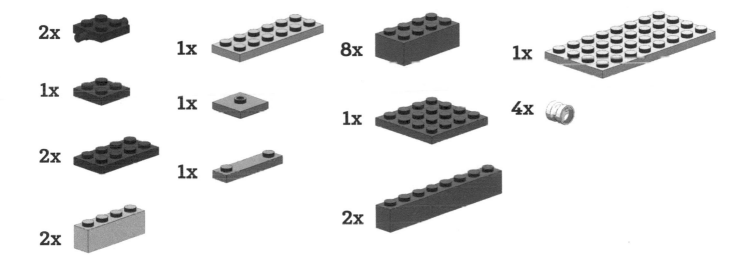

2x
1x
8x
1x
1x
1x
1x
2x
1x
4x
2x
2x

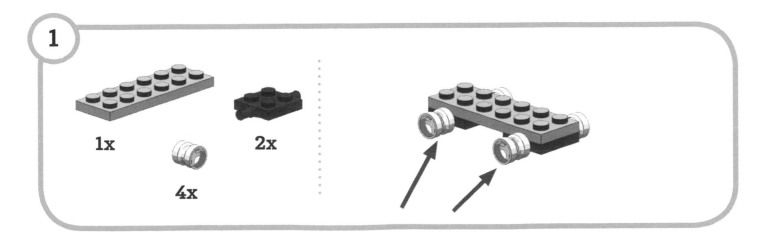

1

1x
4x
2x

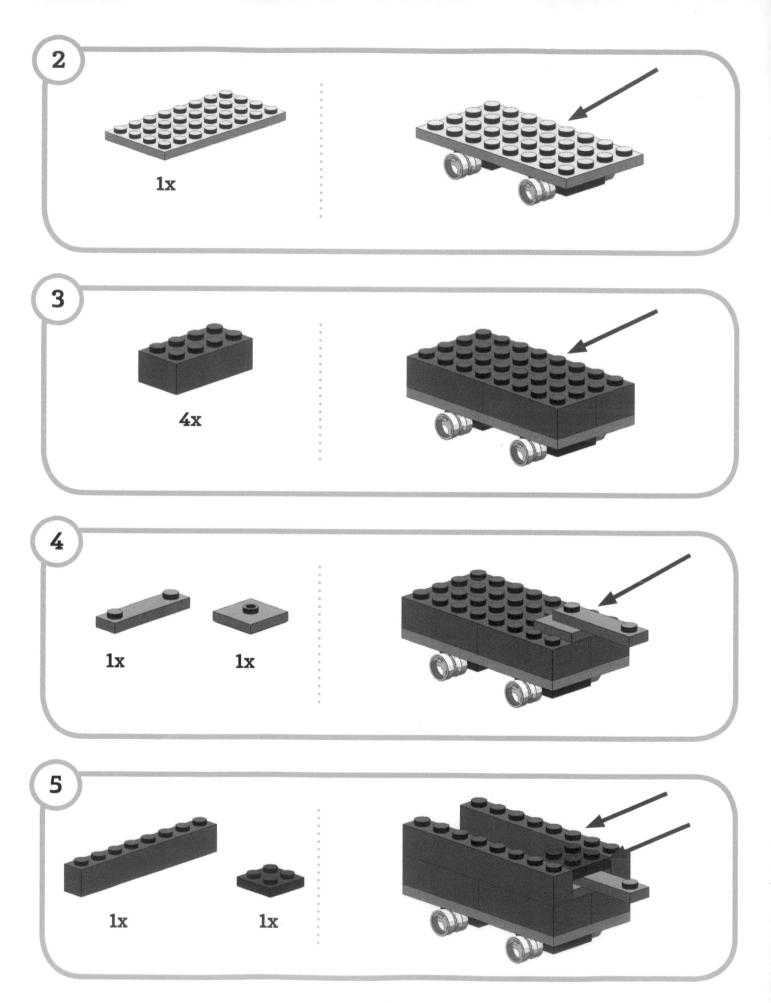

2

1x

3

4x

4

1x   1x

5

1x   1x

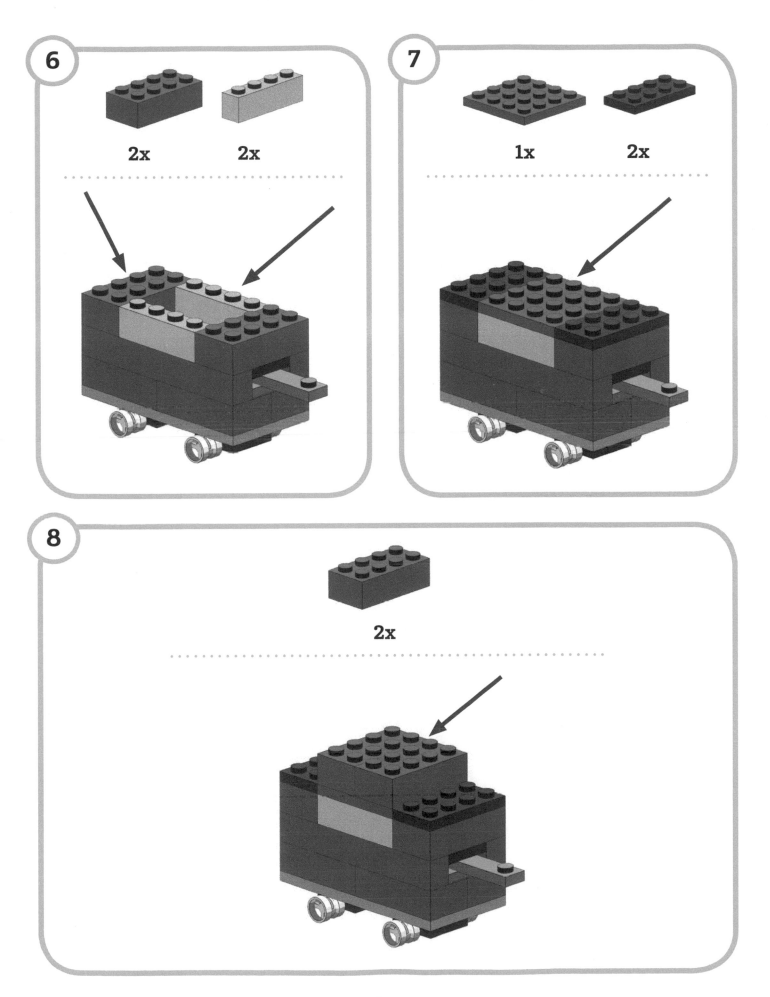

6

2x   2x

7

1x   2x

8

2x

Bullet Train

**Bullet Train
Car 3**

**Bullet Train
Car 2**

Bullet Train
Car 1

Build the Bullet Train Car 1

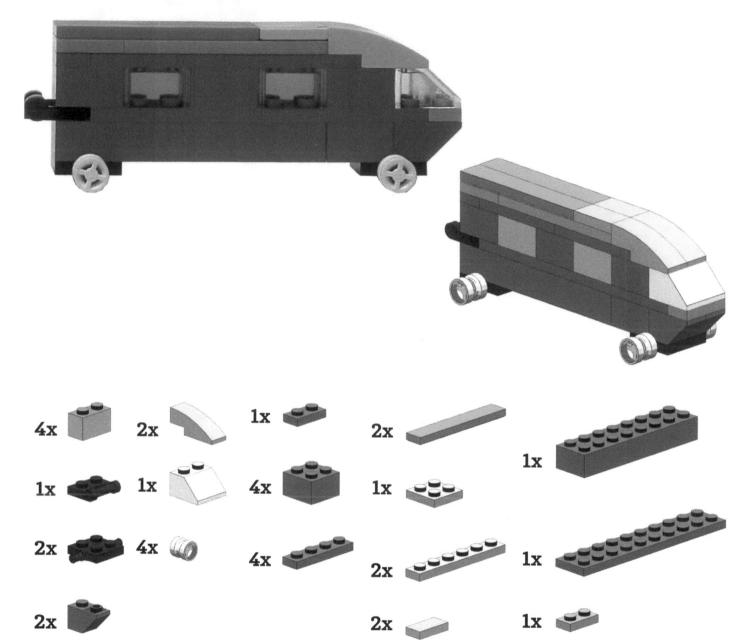

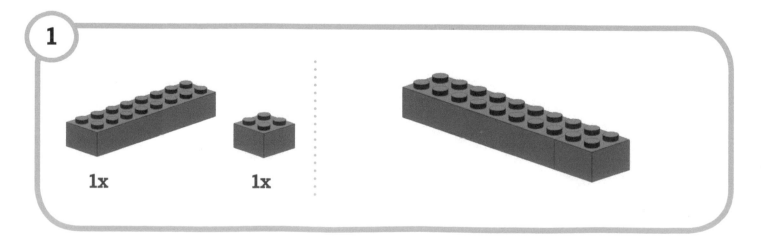

2

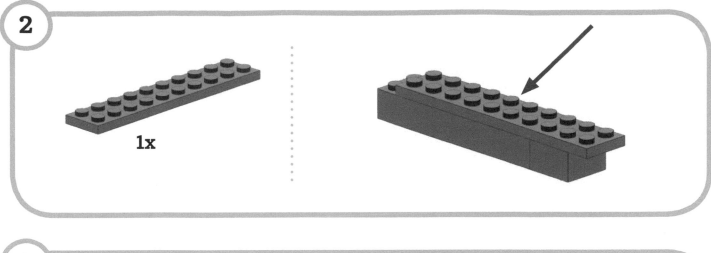

1x

3

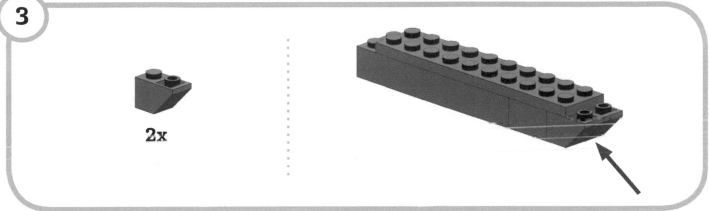

2x

4

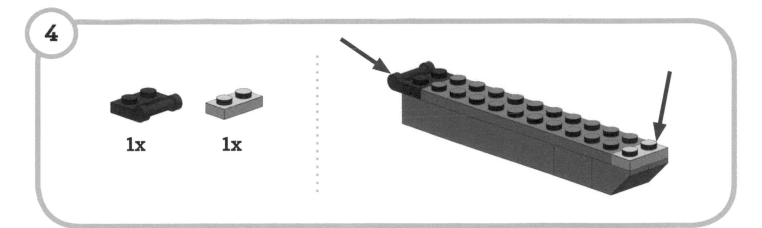

1x　　1x

5

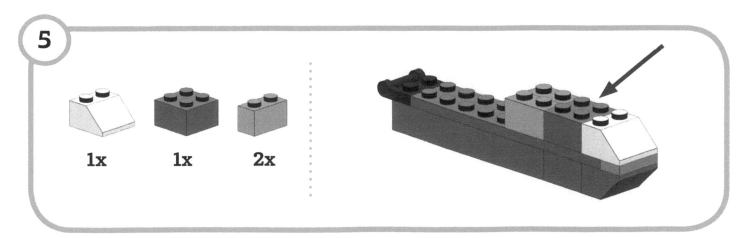

1x　　1x　　2x

6

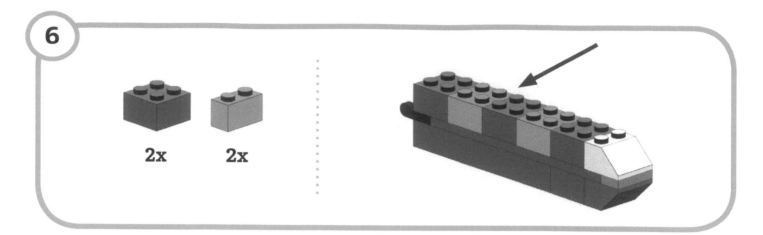

2x   2x

7

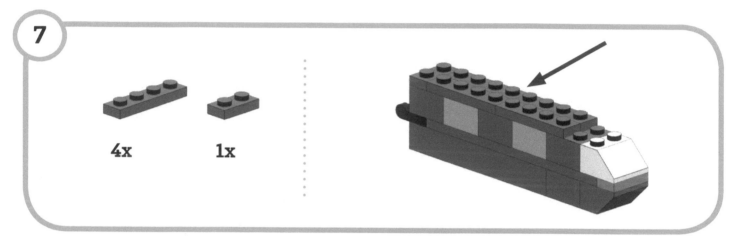

4x   1x

8

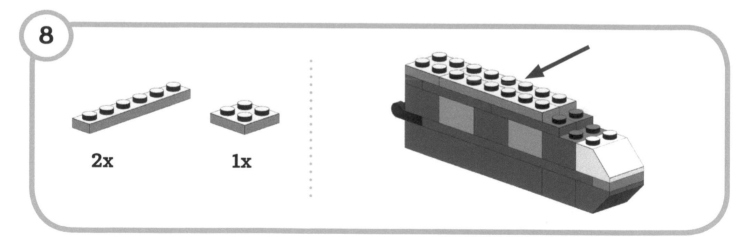

2x   1x

9

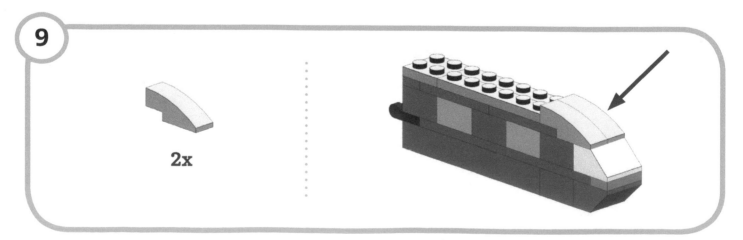

2x

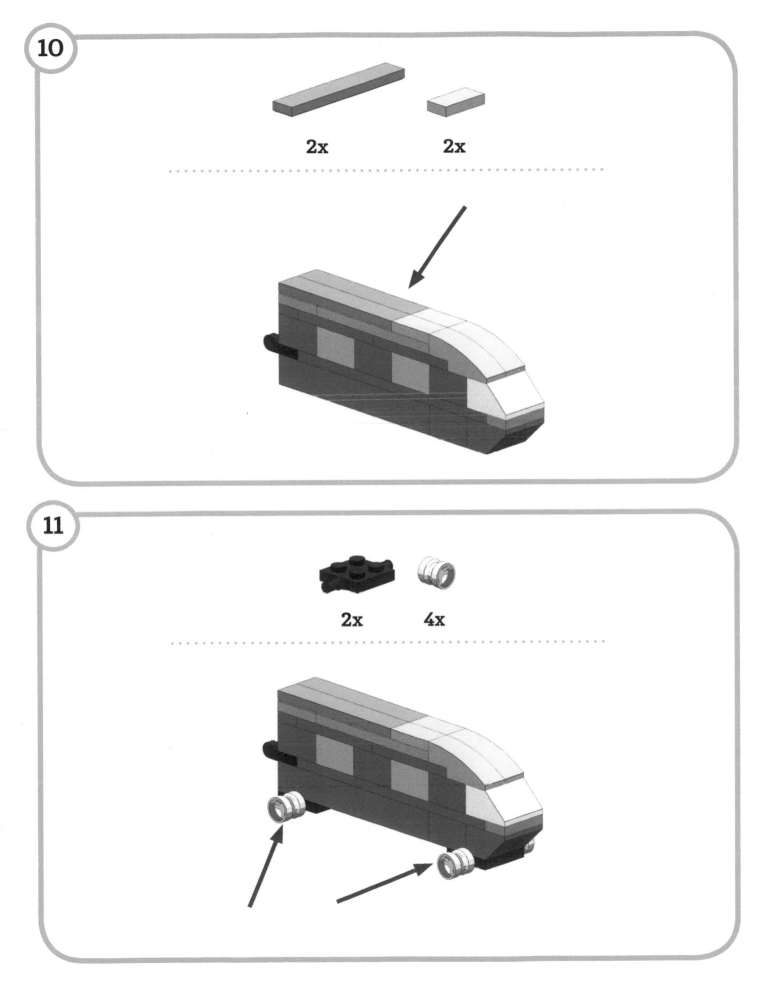

10

2x   2x

11

2x   4x

Build the Bullet Train Car 2

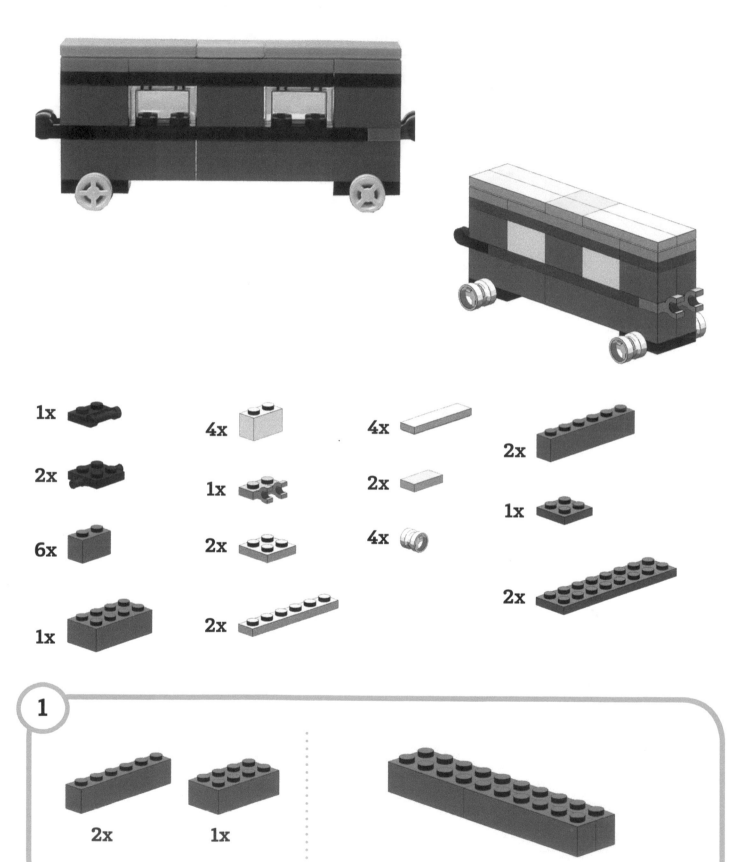

1x

2x

6x

1x

4x

1x

2x

4x

4x

2x

4x

2x

2x

1x

2x

1

2x   1x

2

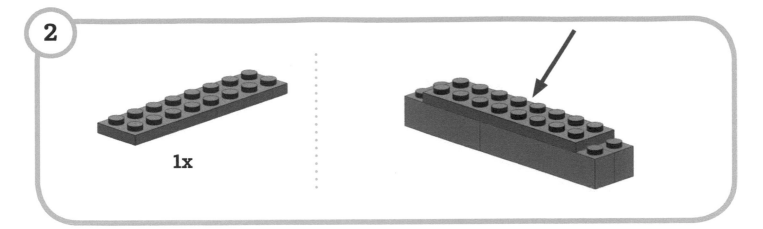

1x

3

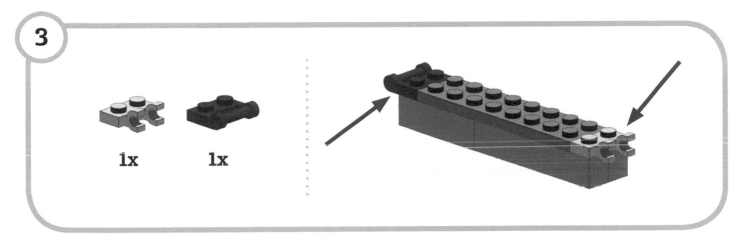

1x   1x

4

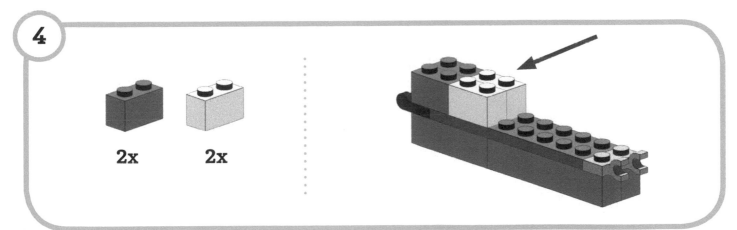

2x   2x

5

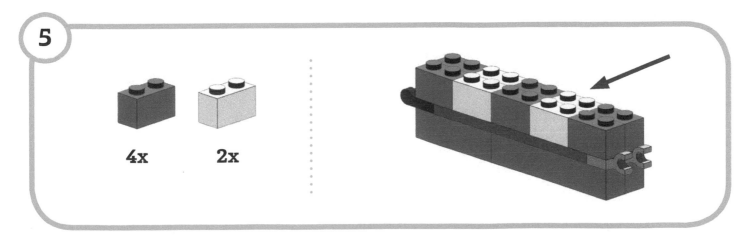

4x   2x

6

1x 1x

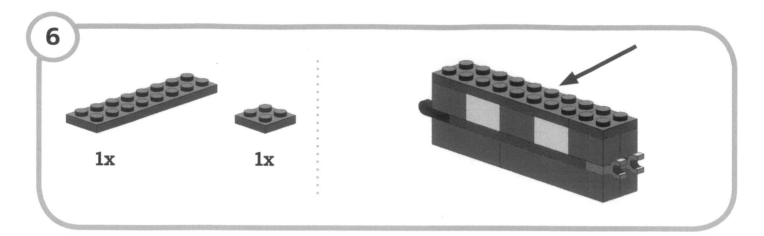

7

2x 2x

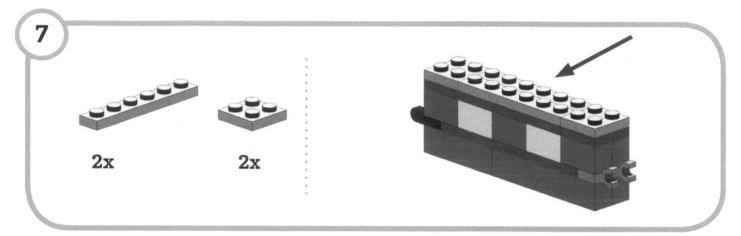

8

4x 2x

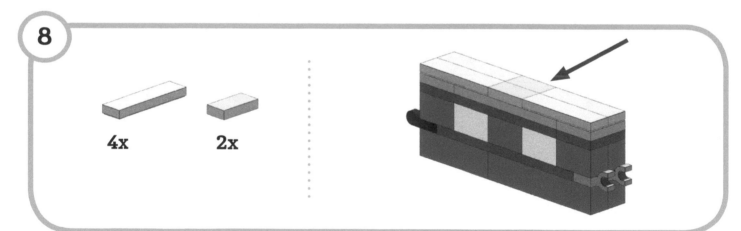

9

2x 4x

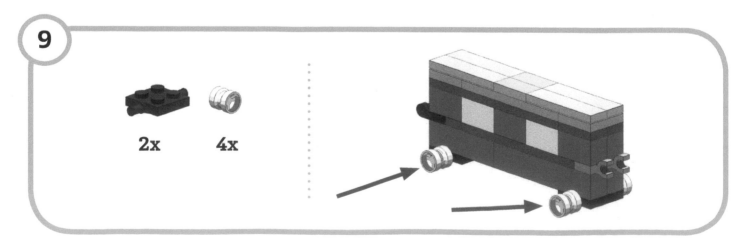

Build the Bullet Train Car 3

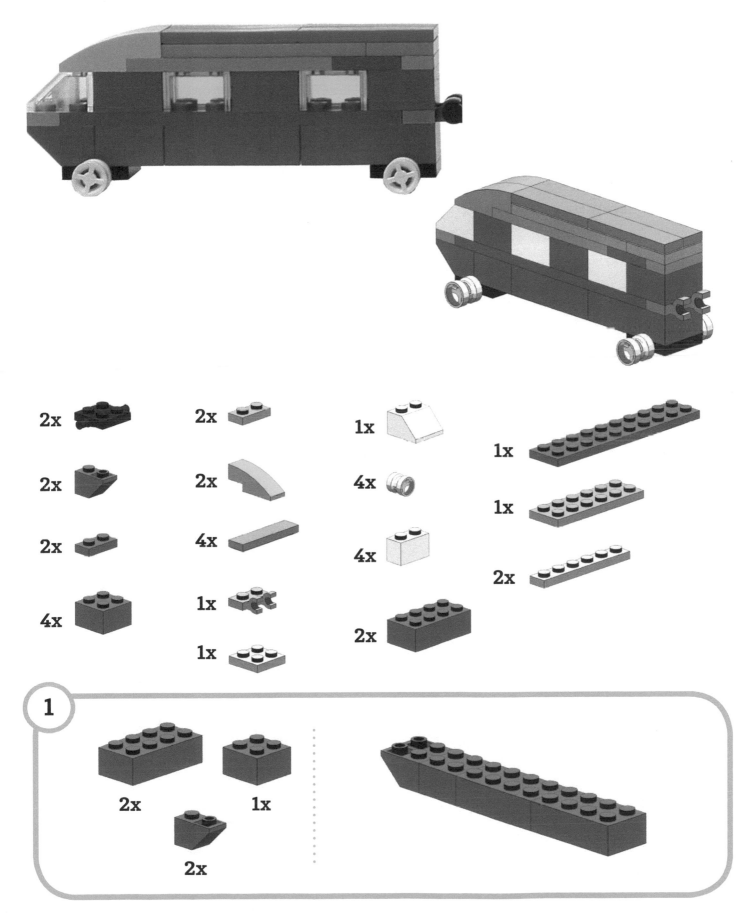

2x

2x

1x

1x

2x

2x

4x

1x

2x

2x

4x

4x

2x

4x

1x

2x

1x

1

2x   1x

2x

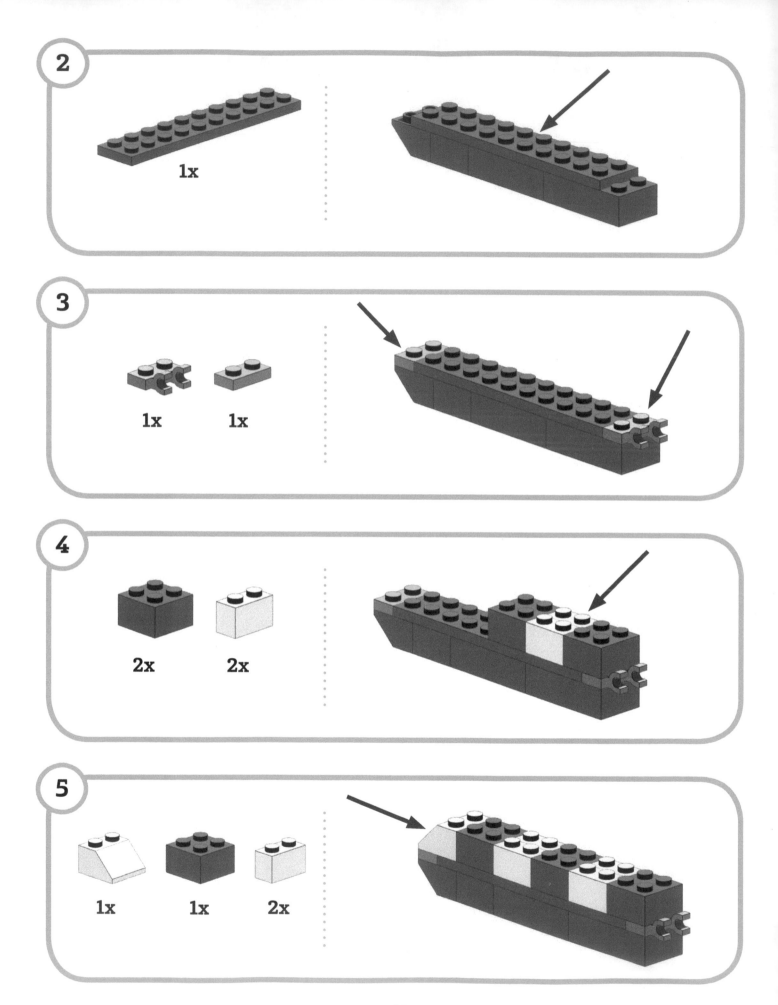

2

1x

3

1x   1x

4

2x   2x

5

1x   1x   2x

6

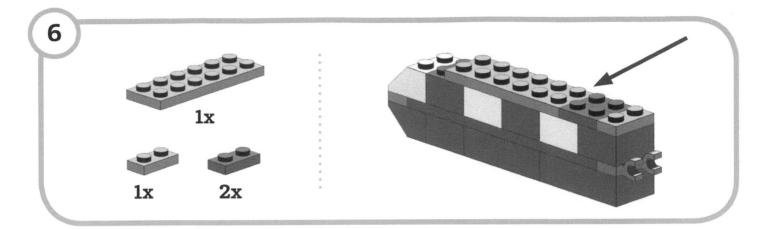

1x

1x 2x

7

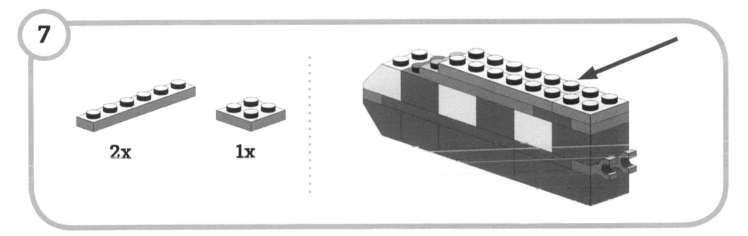

2x 1x

8

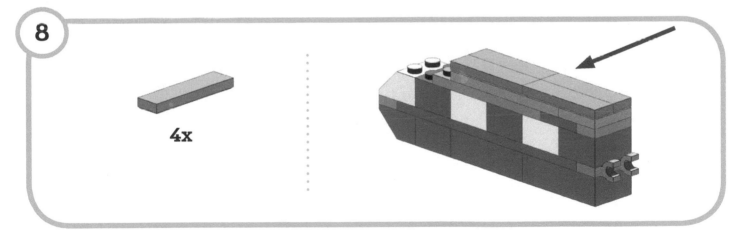

4x

9

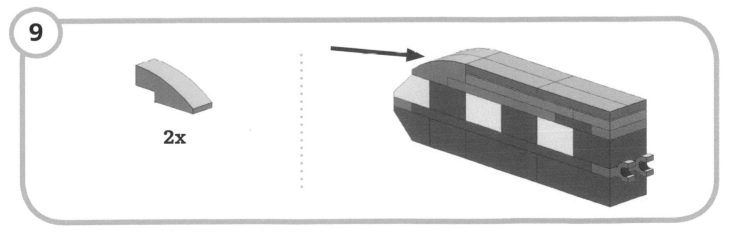

2x

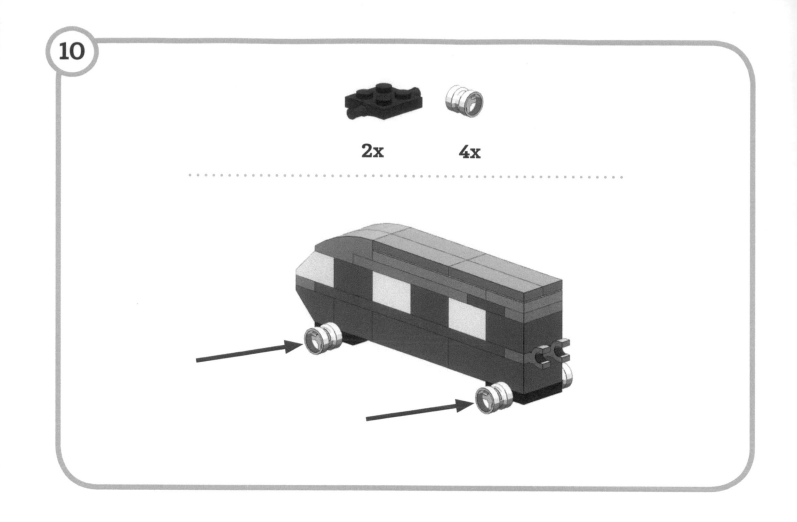

2x   4x

Freight Train

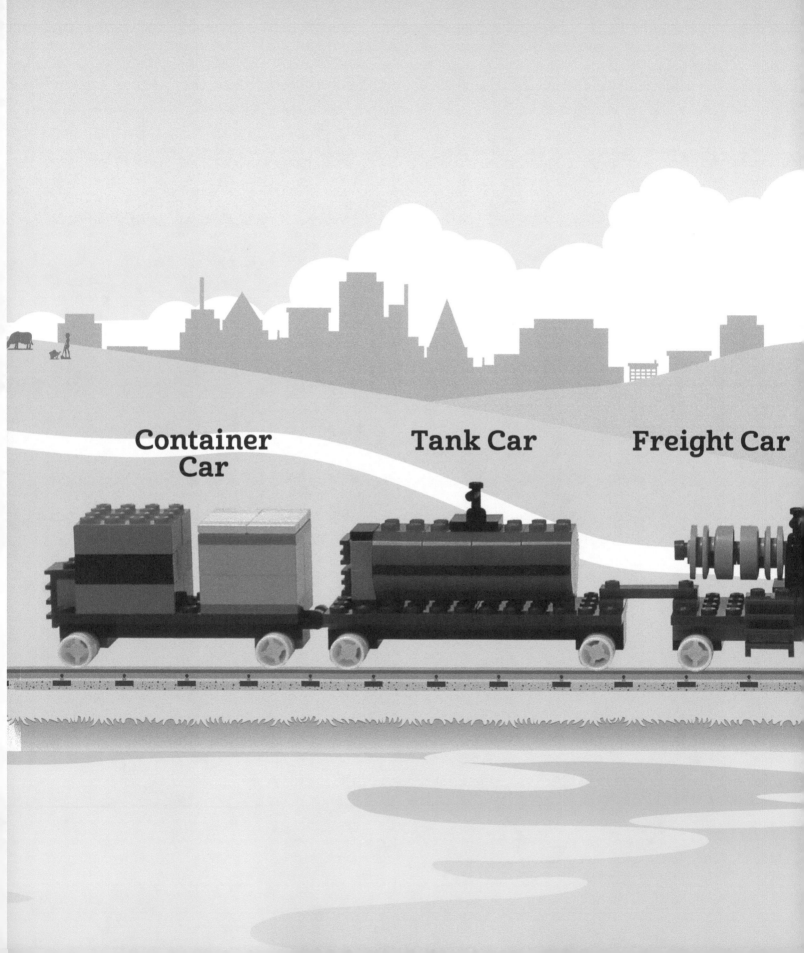

Boxcar

Freight Train
Engine

Build the Freight Train Engine

1x 1x
1x 1x
1x 2x
1x 3x
1x 3x
2x

2x 3x
2x 2x
2x 4x
2x 2x
2x

1x 2x 2x 3x 1x 1x 1x 1x 1x 4x

1x 2x 1x 1x 1x 2x 1x

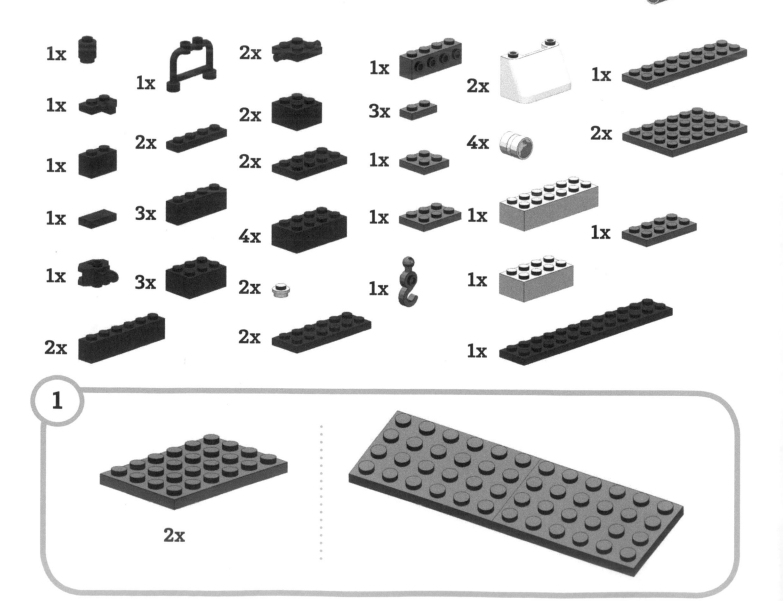

1

2x

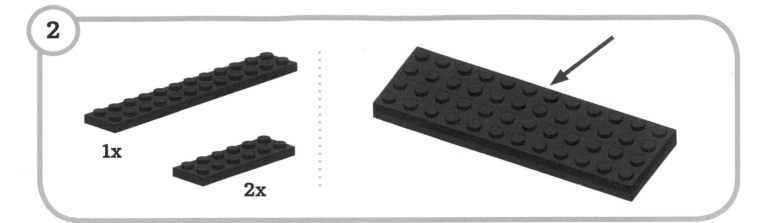

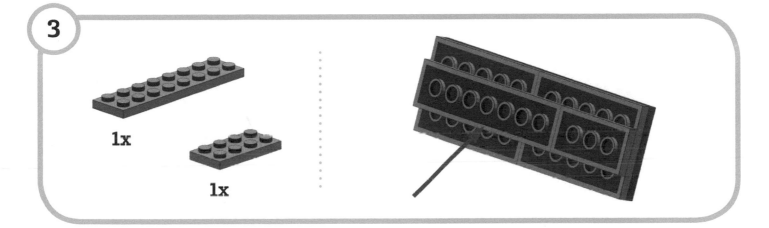

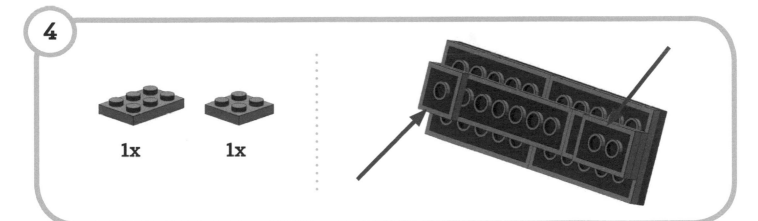

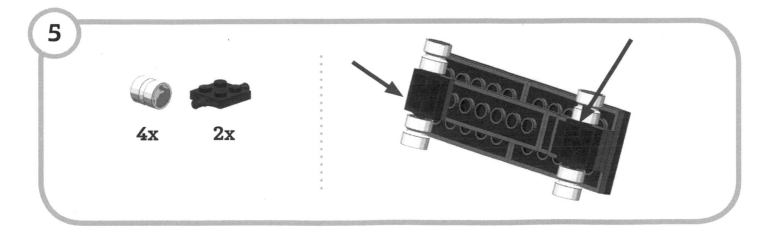

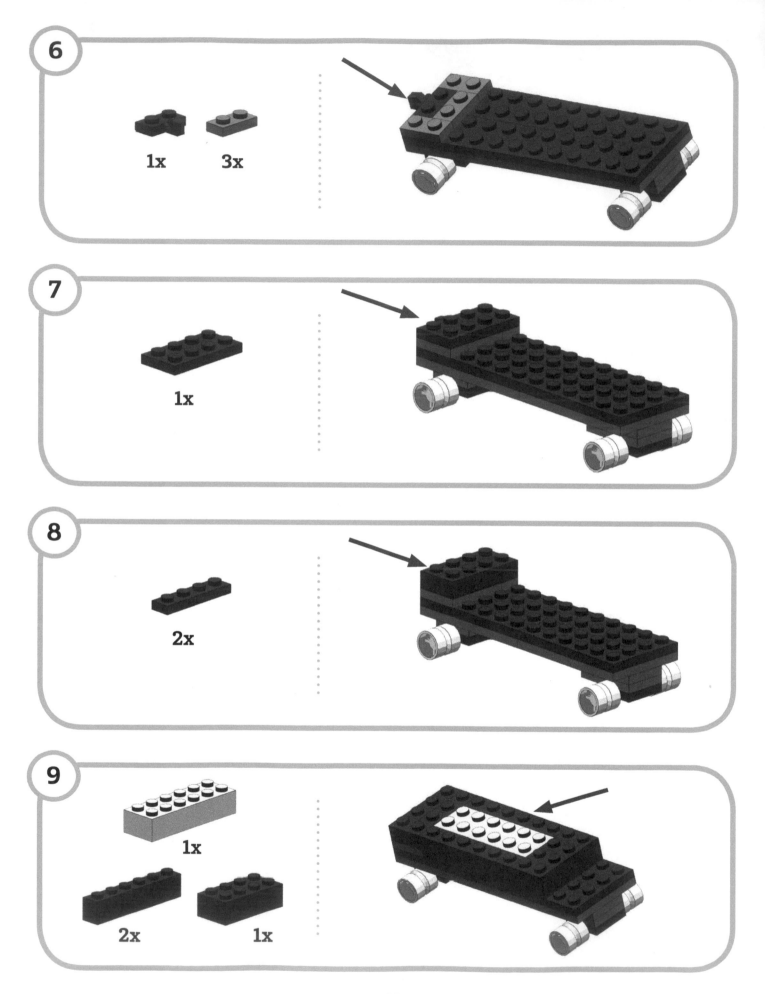

6

1x   3x

7

1x

8

2x

9

1x

2x   1x

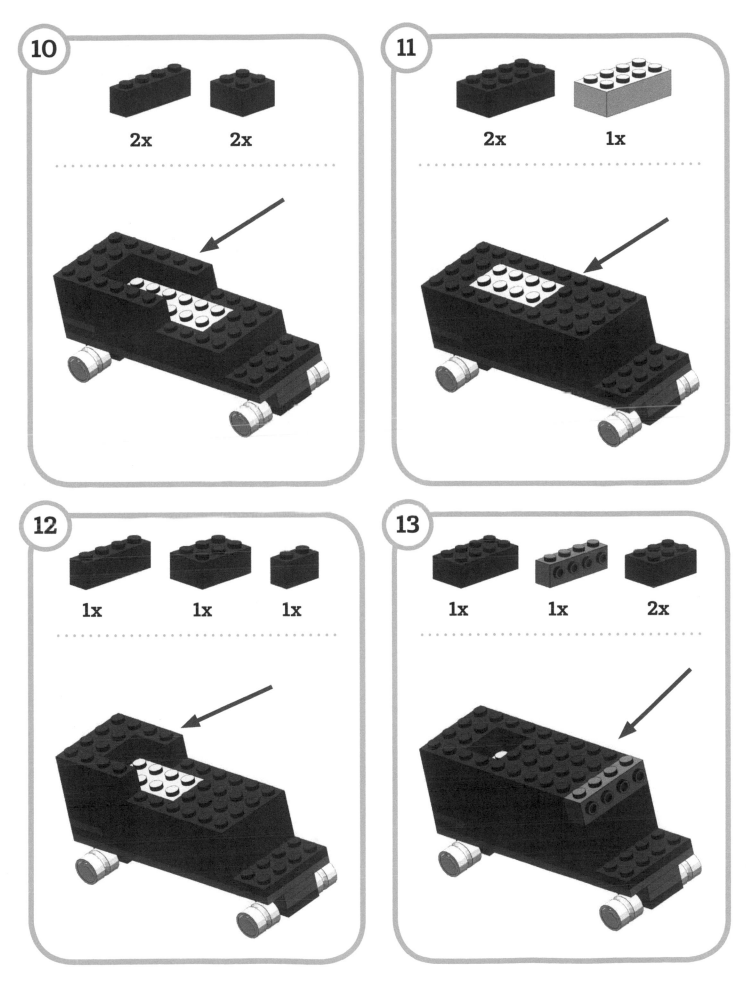

14

2x

15

1x   1x

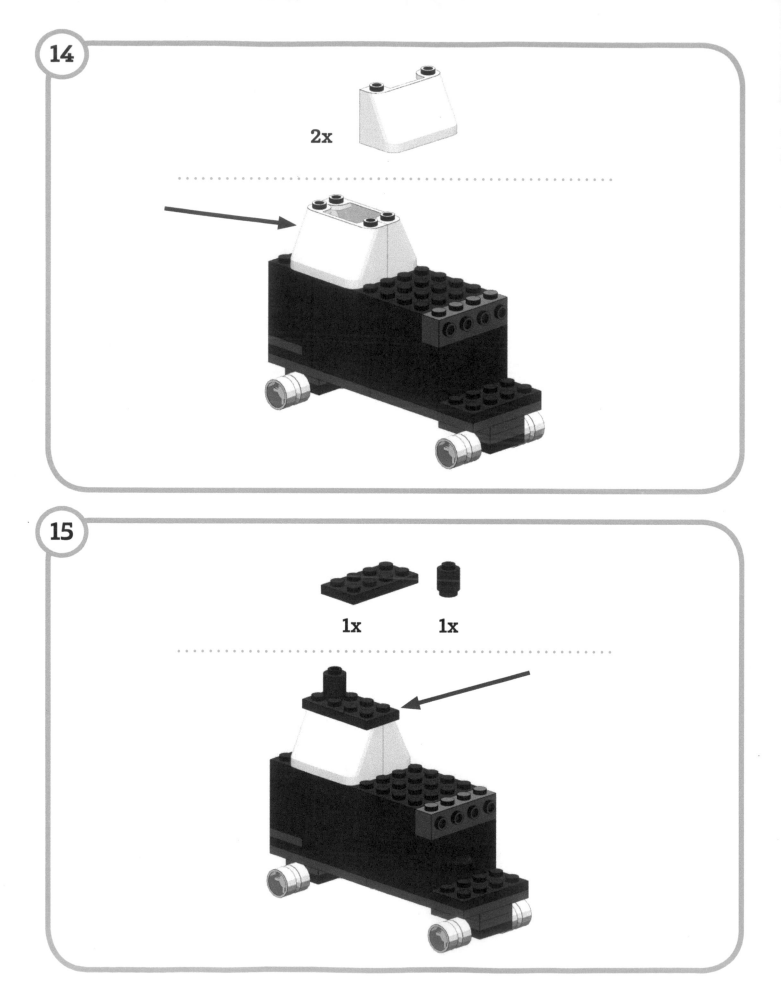

16

1x   1x   2x

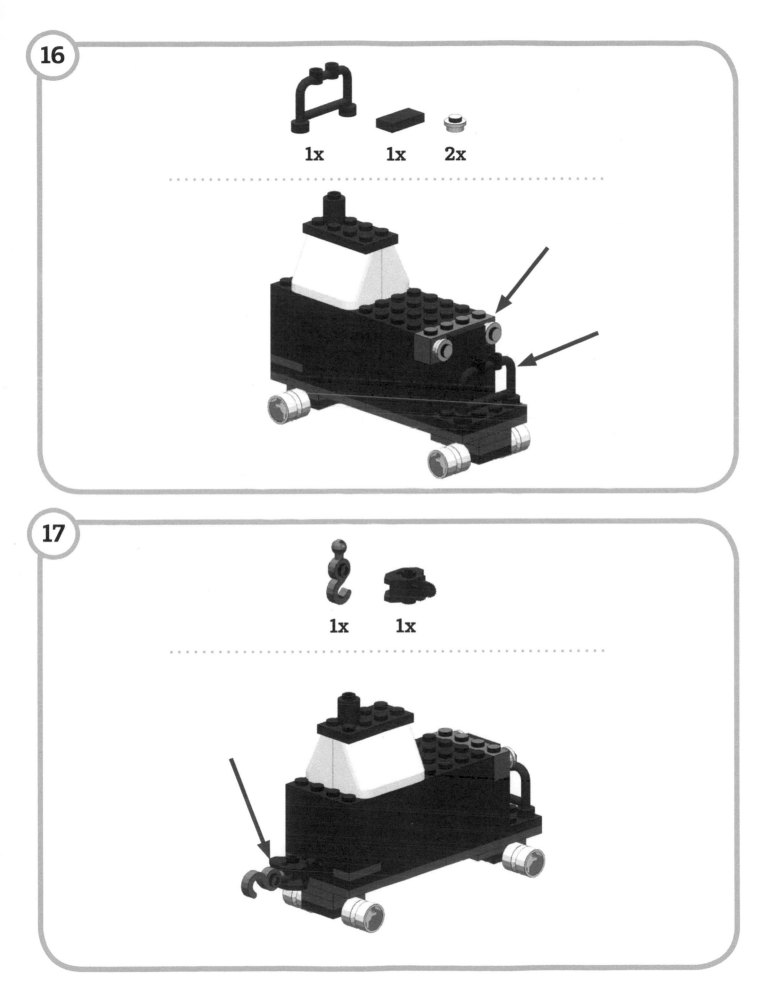

17

1x   1x

Build the Boxcar

1x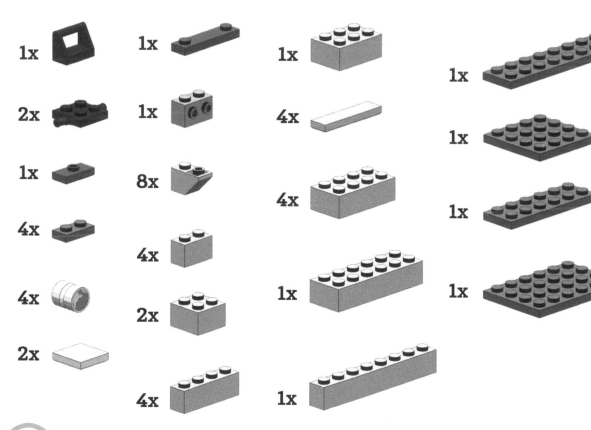

2x

1x

4x

4x

2x

1x

1x

8x

4x

2x

4x

1x

4x

4x

4x

1x

1x

1x

1x

1x

1x

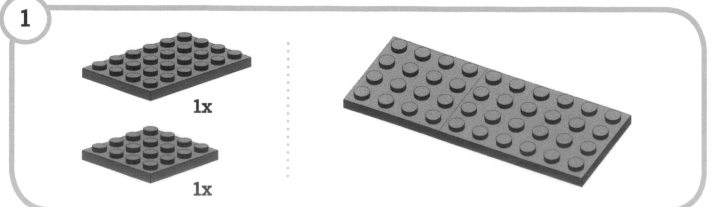

1

1x

1x

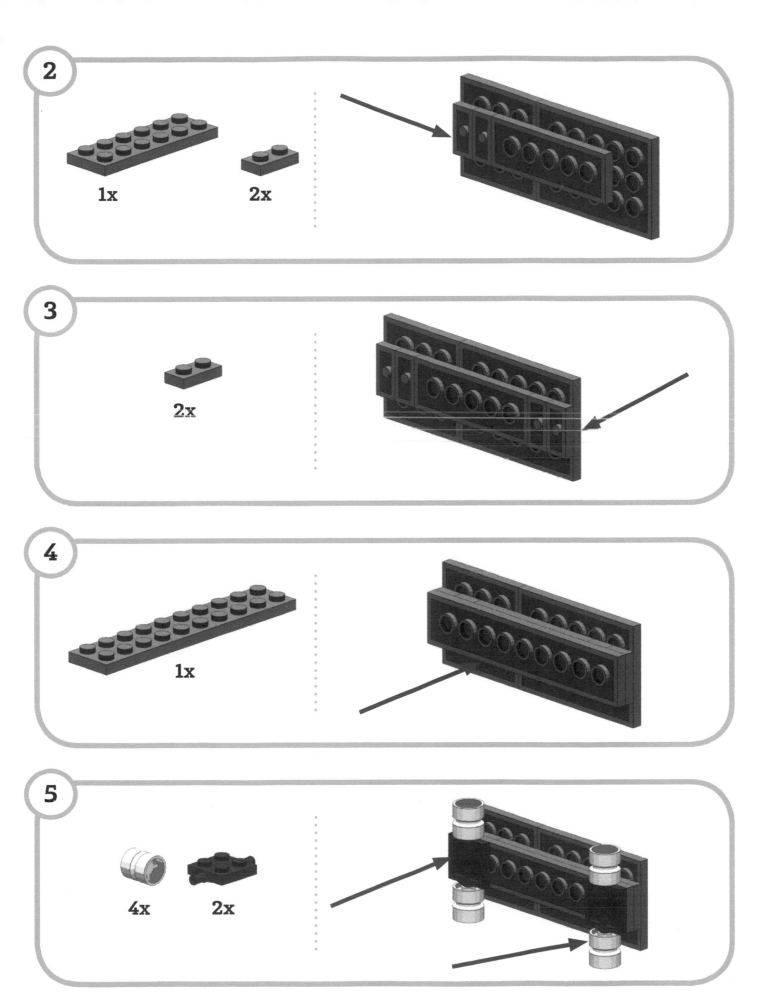

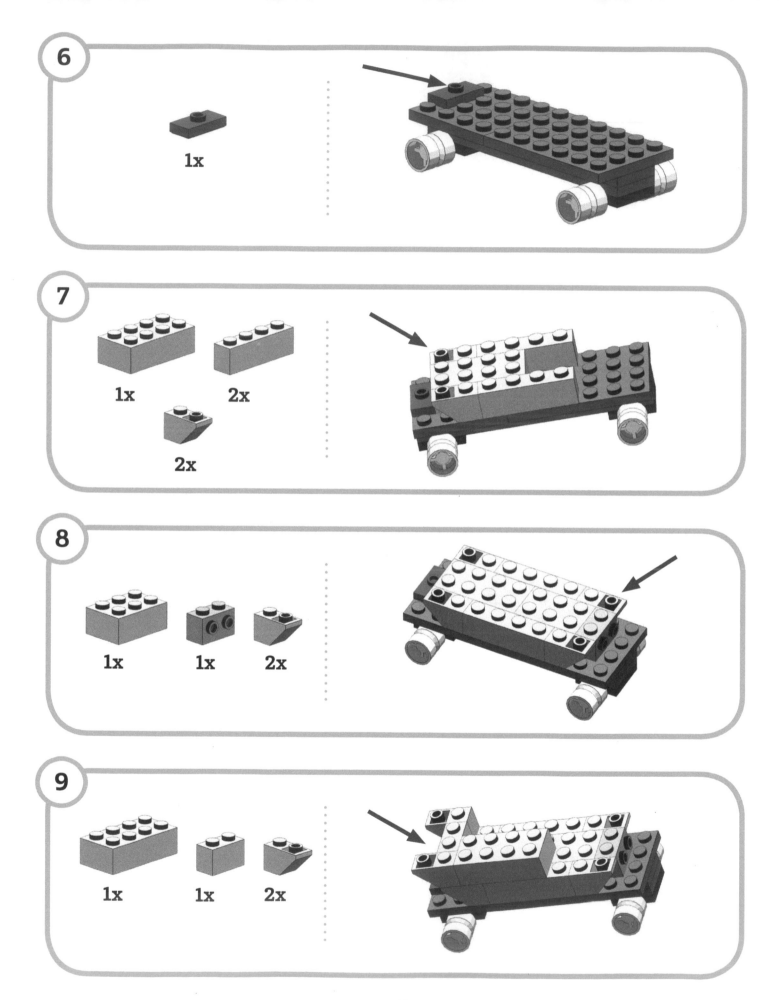

6

1x

7

1x 2x

2x

8

1x 1x 2x

9

1x 1x 2x

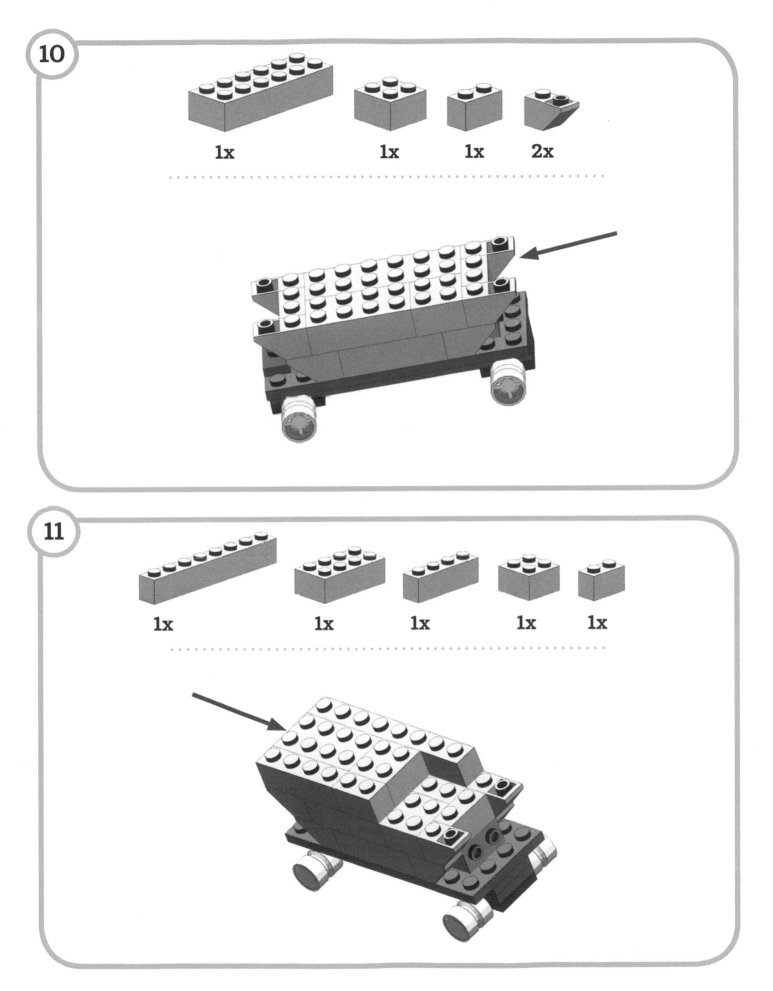

12

1x   1x   1x

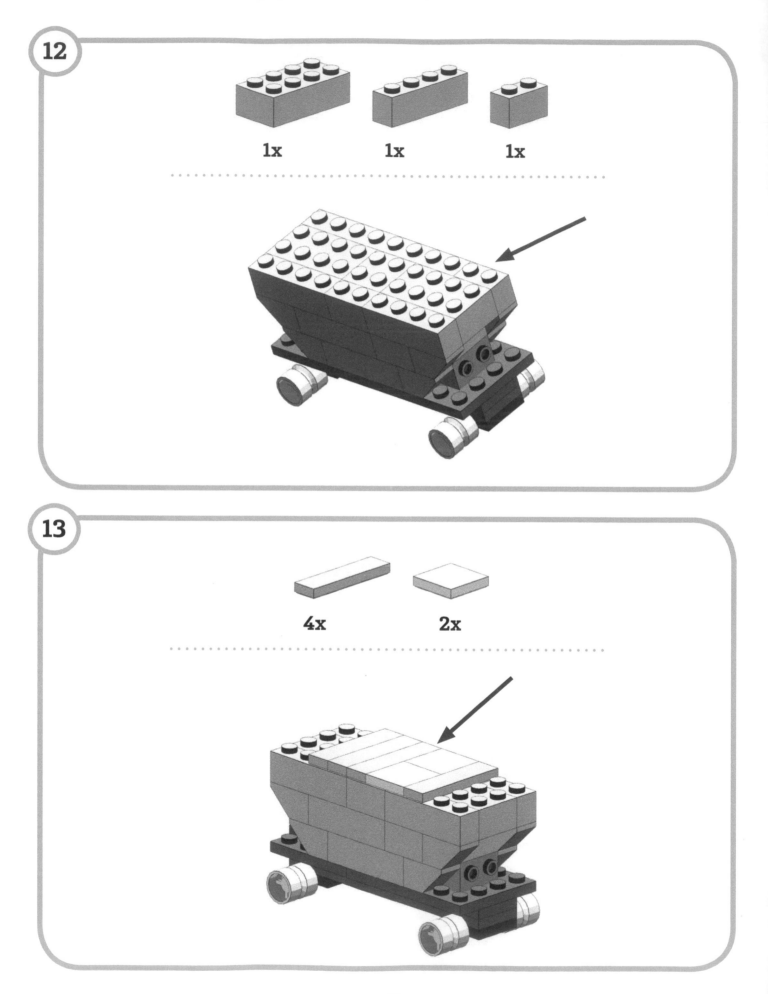

13

4x   2x

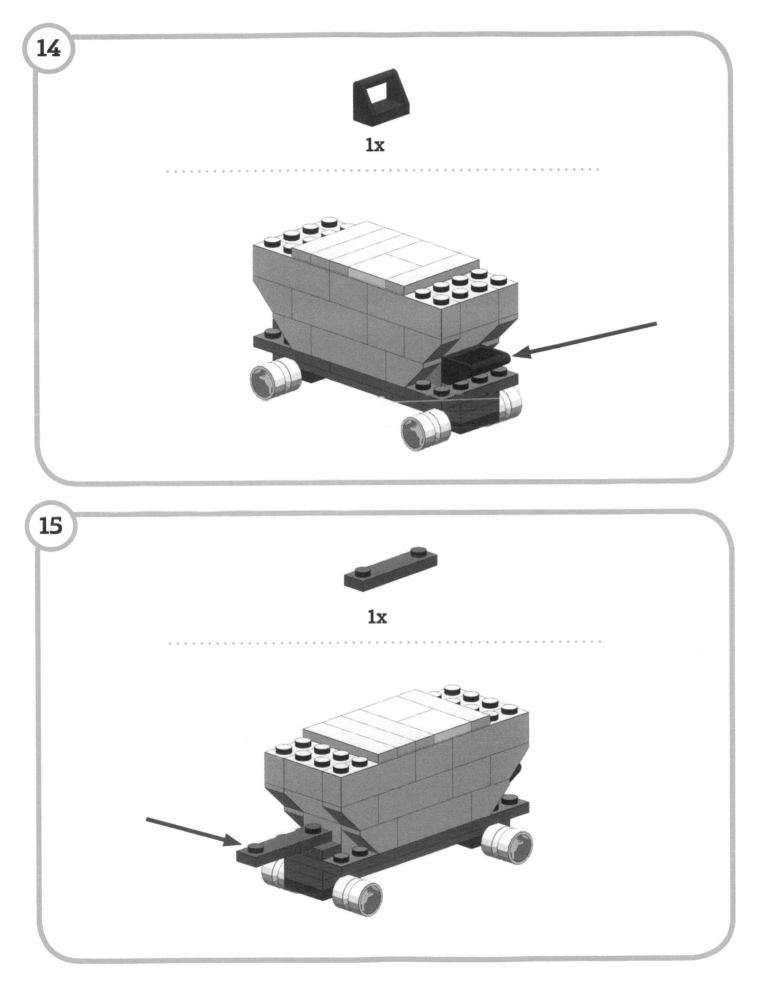

14

1x

15

1x

Build the Freight Car

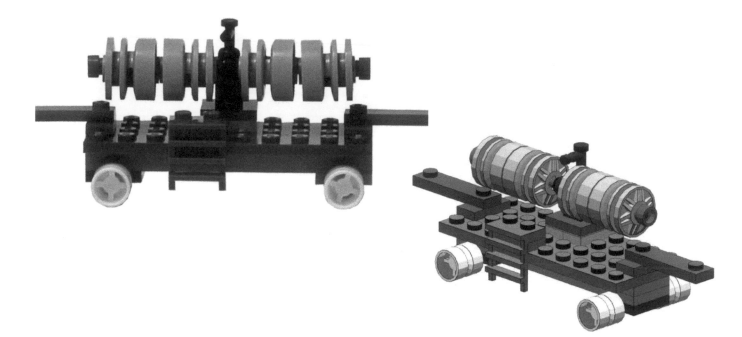

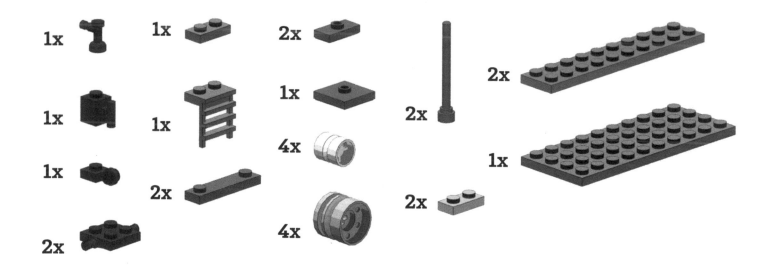

1x 1x 2x

1x 1x 1x 2x 2x

1x 2x 4x 1x

2x 4x 2x

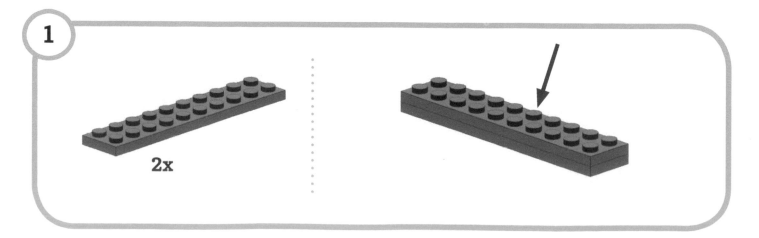

1

2x

2

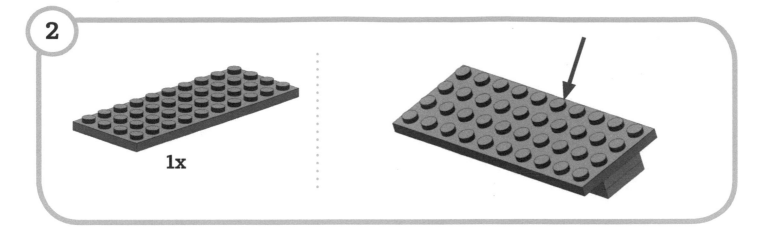

1x

3

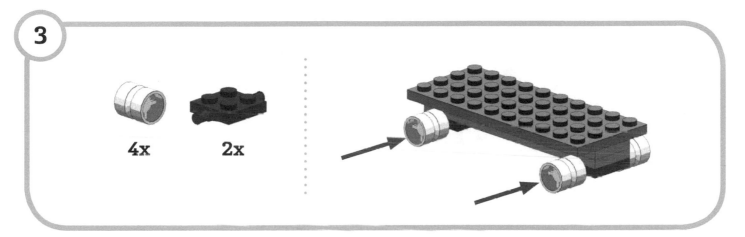

4x 2x

4

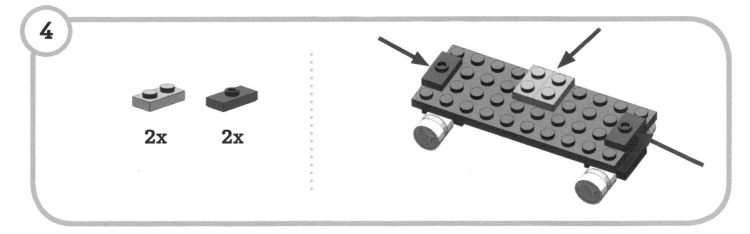

2x 2x

5

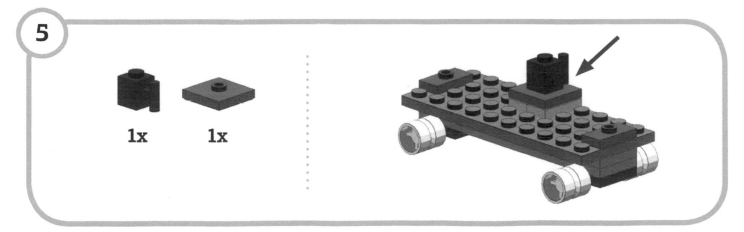

1x 1x

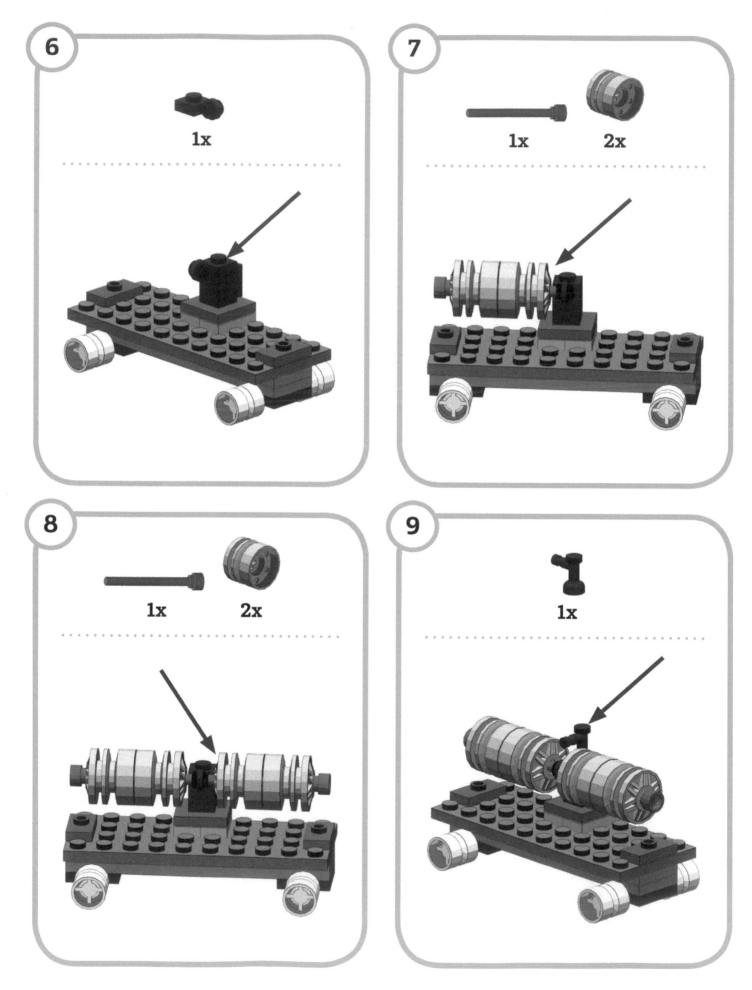

6

1x

7

1x 2x

8

1x 2x

9

1x

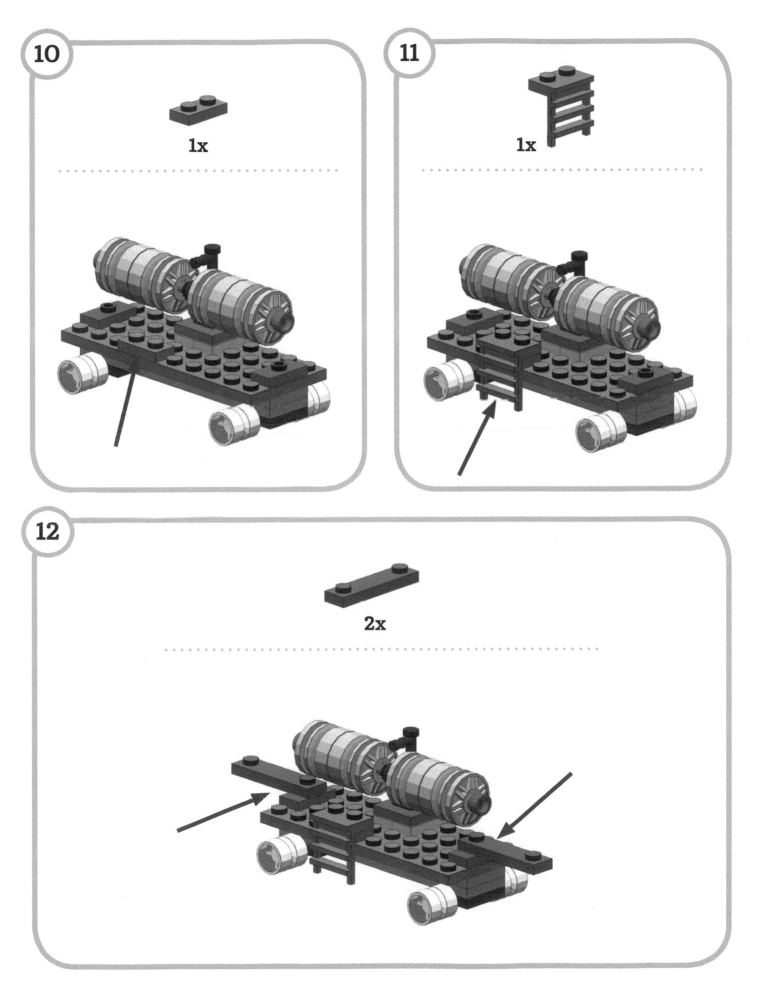

10

1x

11

1x

12

2x

Build the Tank Car

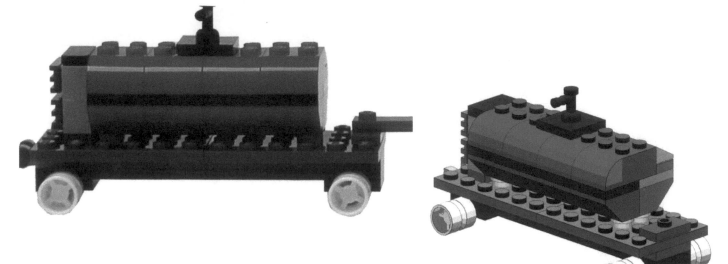

1x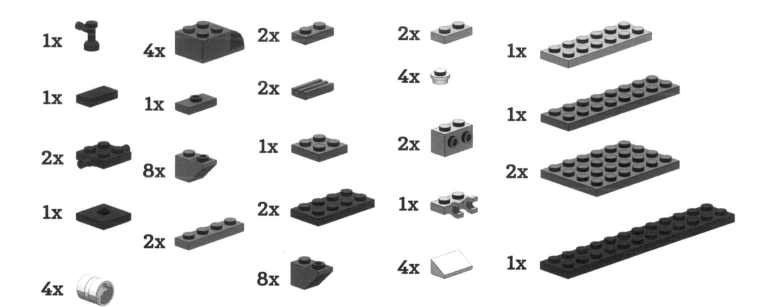

1.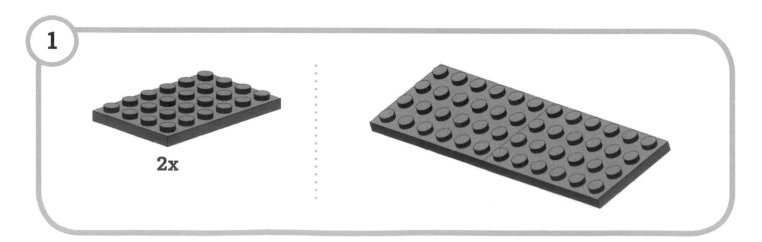

2x

2

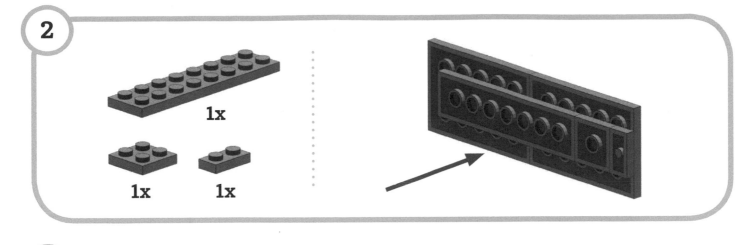

1x

1x 1x

3

1x

4

1x

5

4x 2x

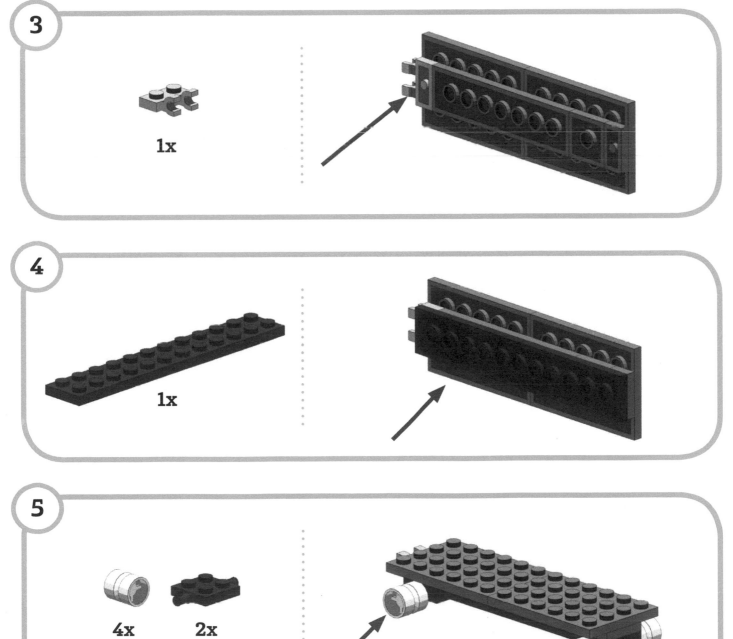

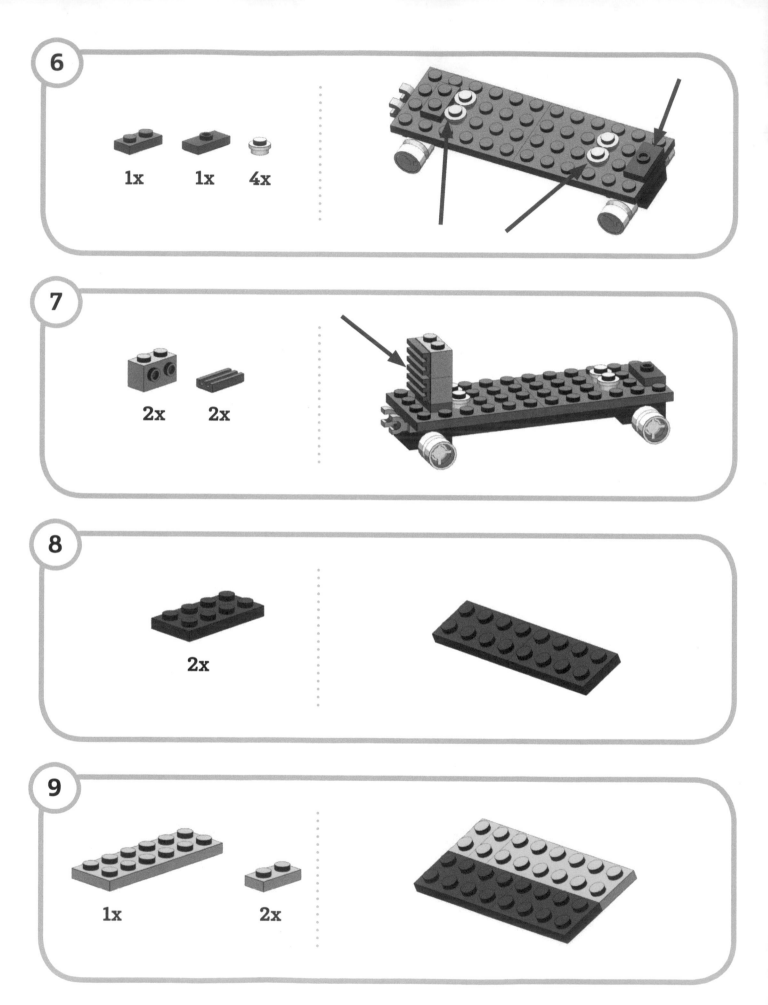

6

1x 1x 4x

7

2x 2x

8

2x

9

1x 2x

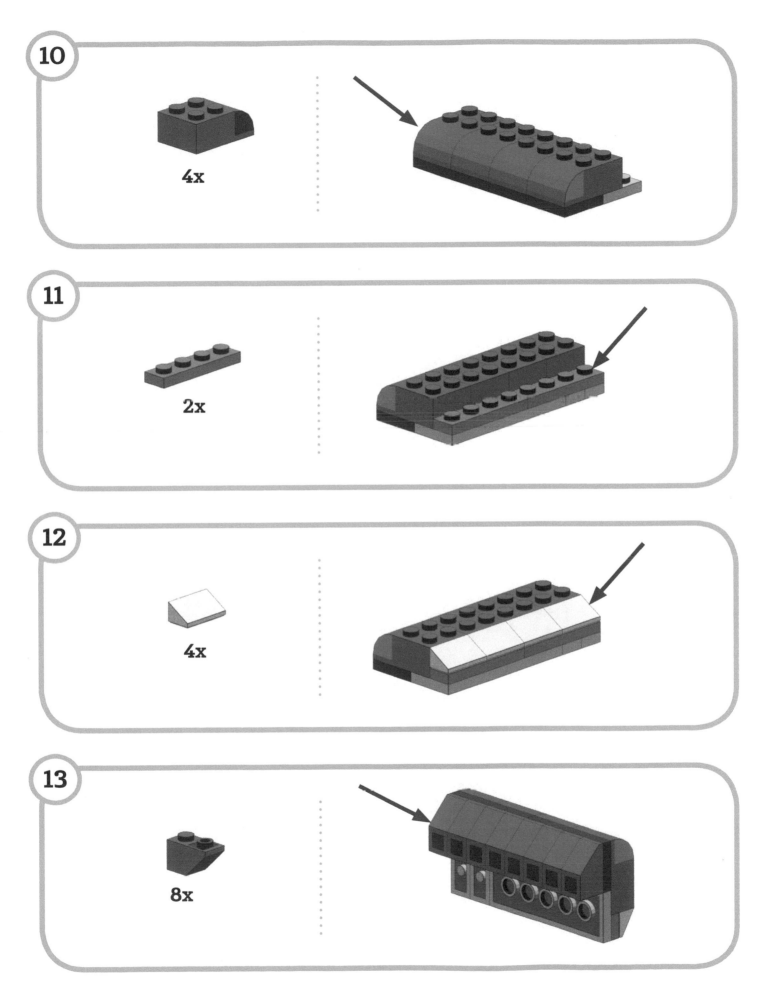

10 4x

11 2x

12 4x

13 8x

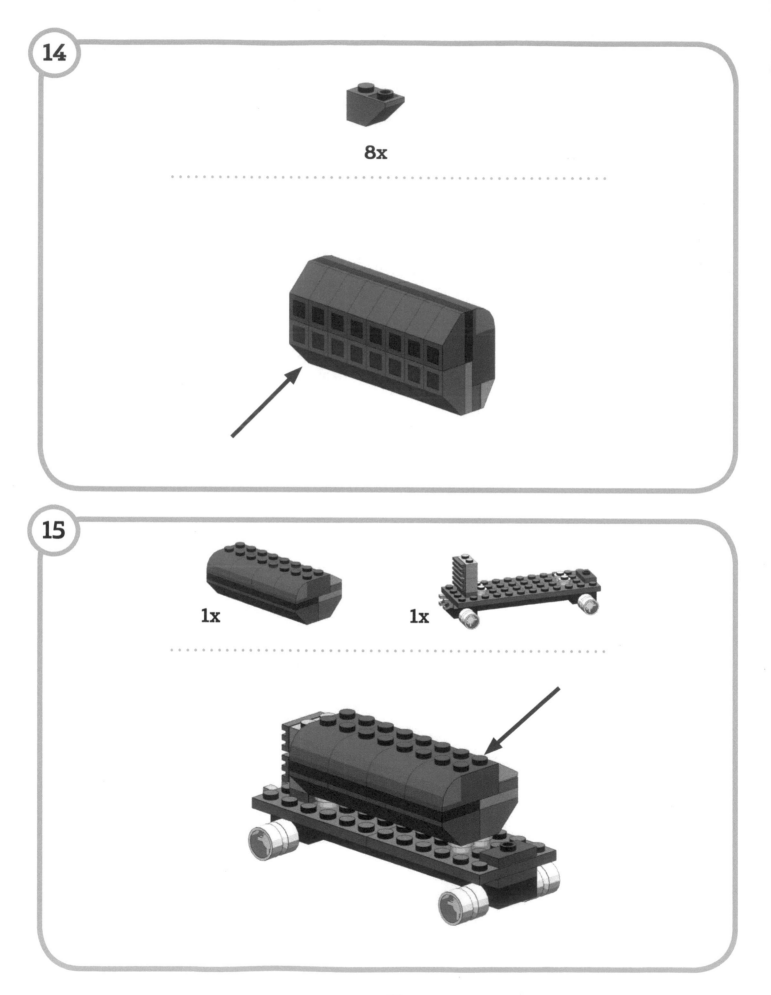

14

8x

15

1x   1x

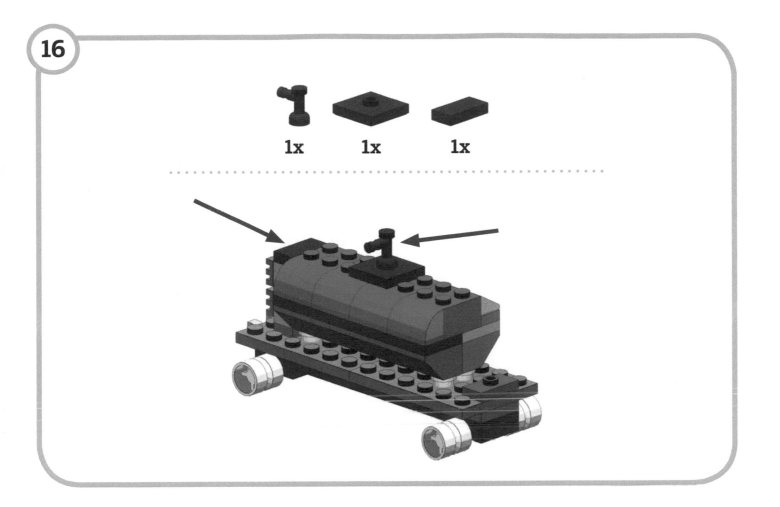

Build the Container Car

1x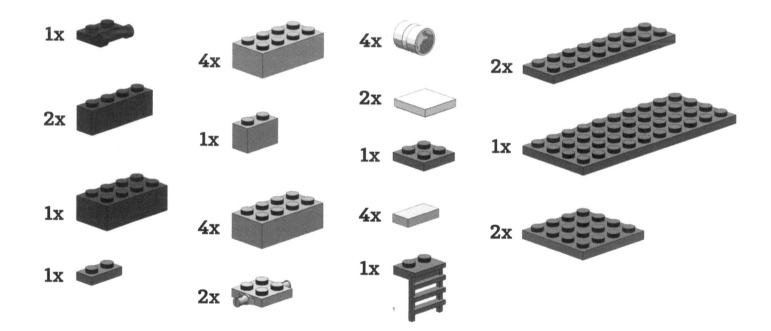

2x

1x

1x

4x

1x

4x

2x

4x

2x

1x

1x

2x

1x

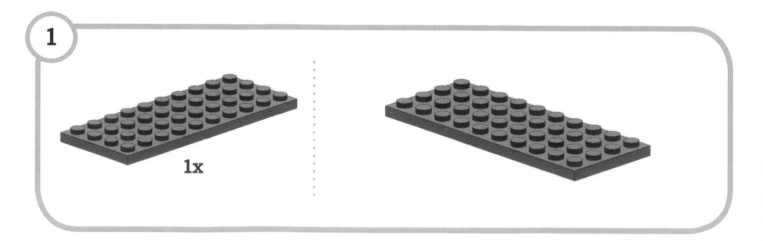

2

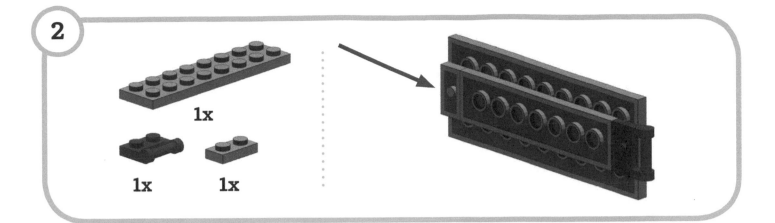

1x

1x   1x

3

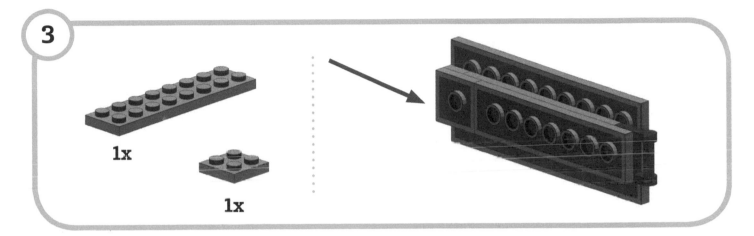

1x

1x

4

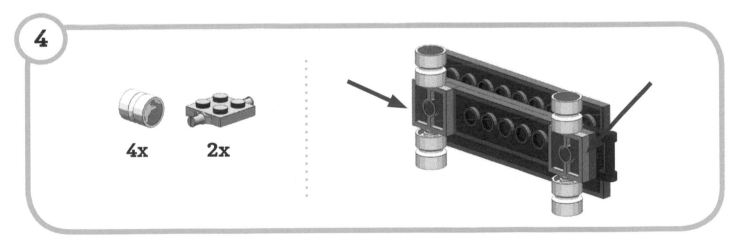

4x   2x

5

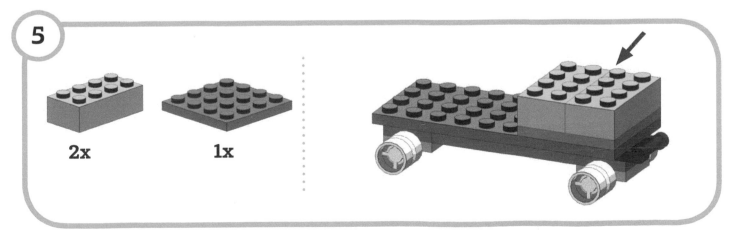

2x   1x

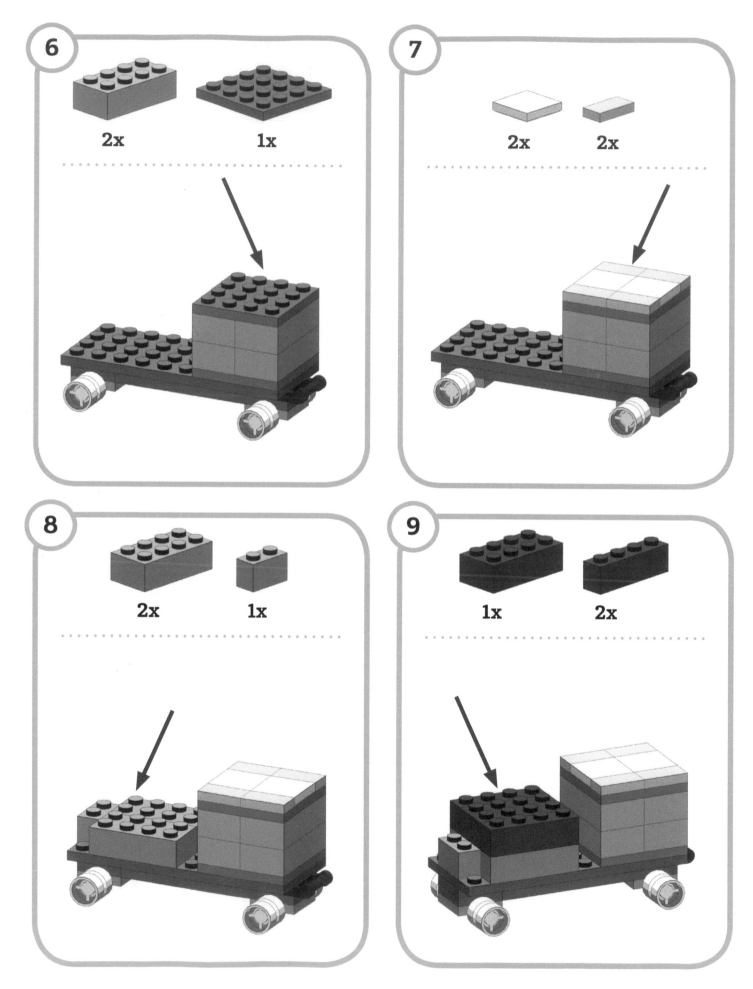

6

2x 1x

7

2x 2x

8

2x 1x

9

1x 2x

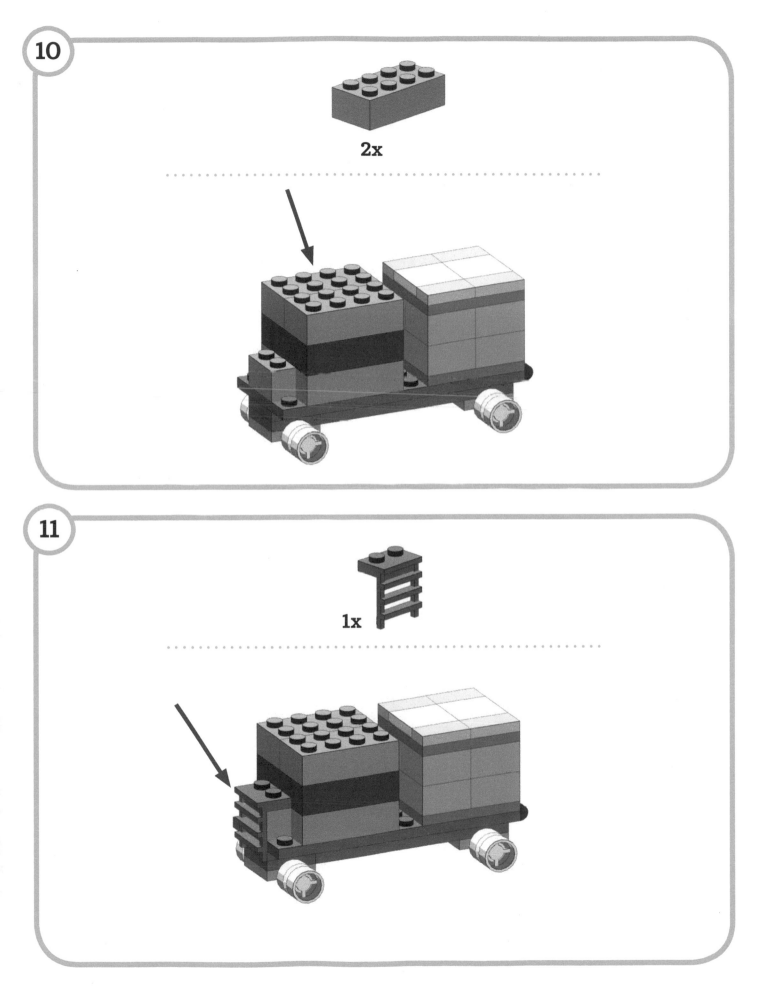

Autorack Train

Blue Van

Pink
Sports Car

Autorack
Engine

Green Purple
Autorack

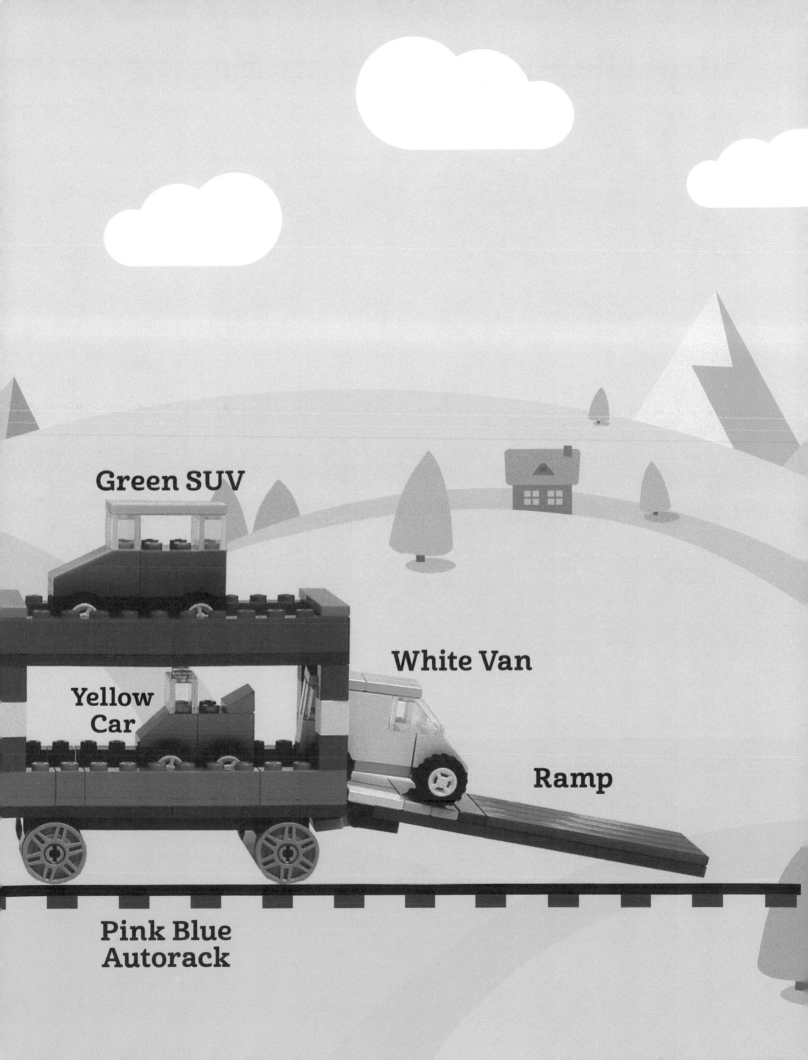

Green SUV

White Van

Yellow
Car

Ramp

Pink Blue
Autorack

Build the Autorack Train Engine

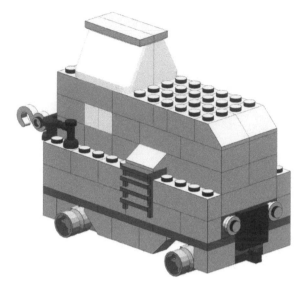

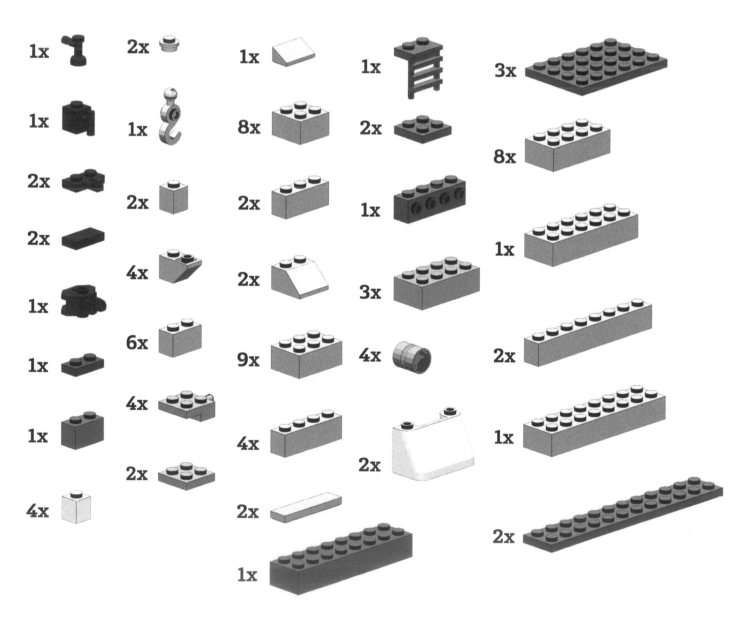

1x · 2x · 1x · 1x · 3x

1x · 1x · 8x · 2x

2x · 2x · 2x · 1x · 8x

2x · 1x

1x · 4x · 2x · 3x · 1x

6x

1x · 9x · 4x · 2x

1x · 4x · 4x · 1x

2x · 2x

4x · 2x

1x · 2x

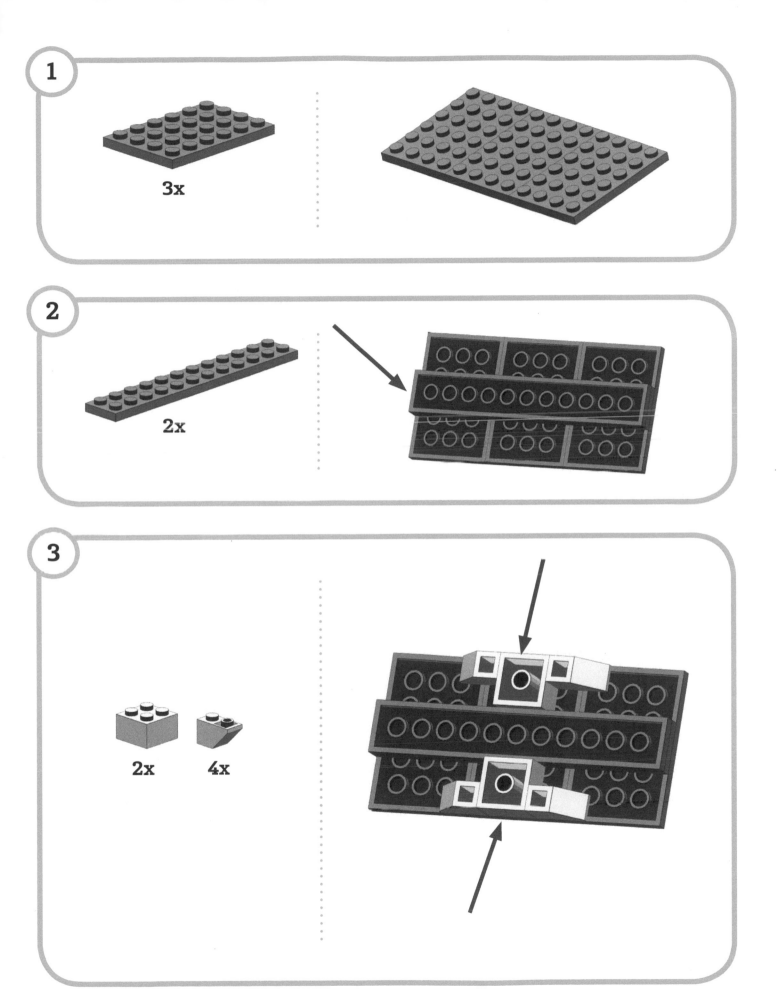

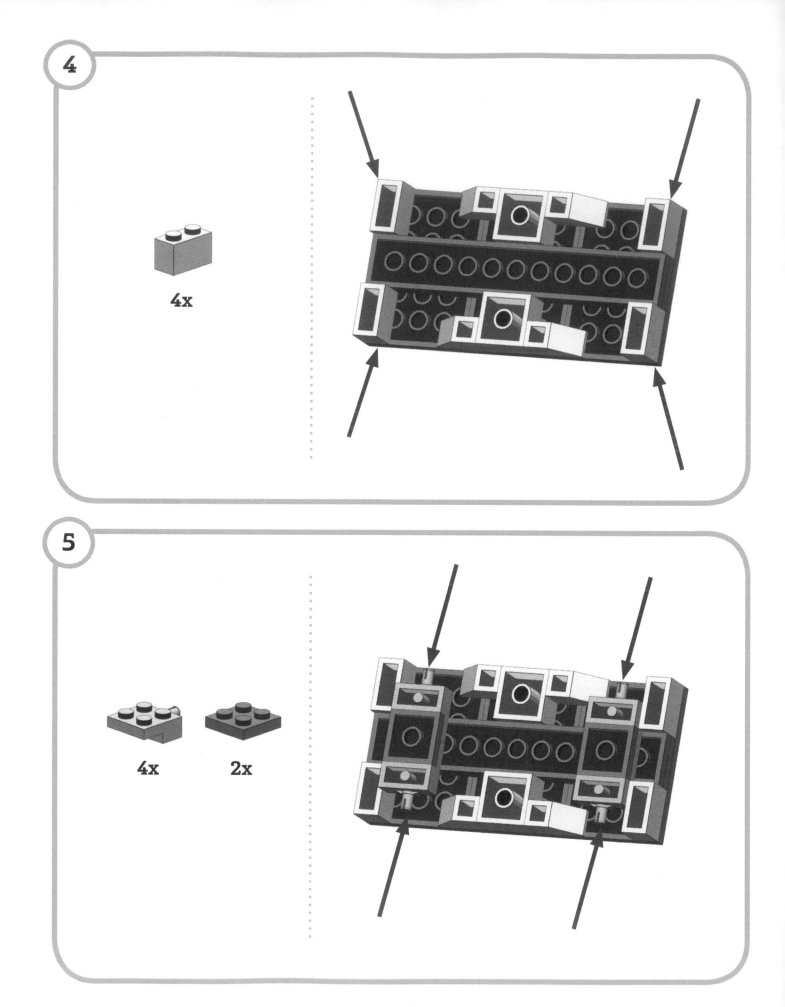

6

4x

7

1x

1x

1x   1x   1x

1x   1x   1x

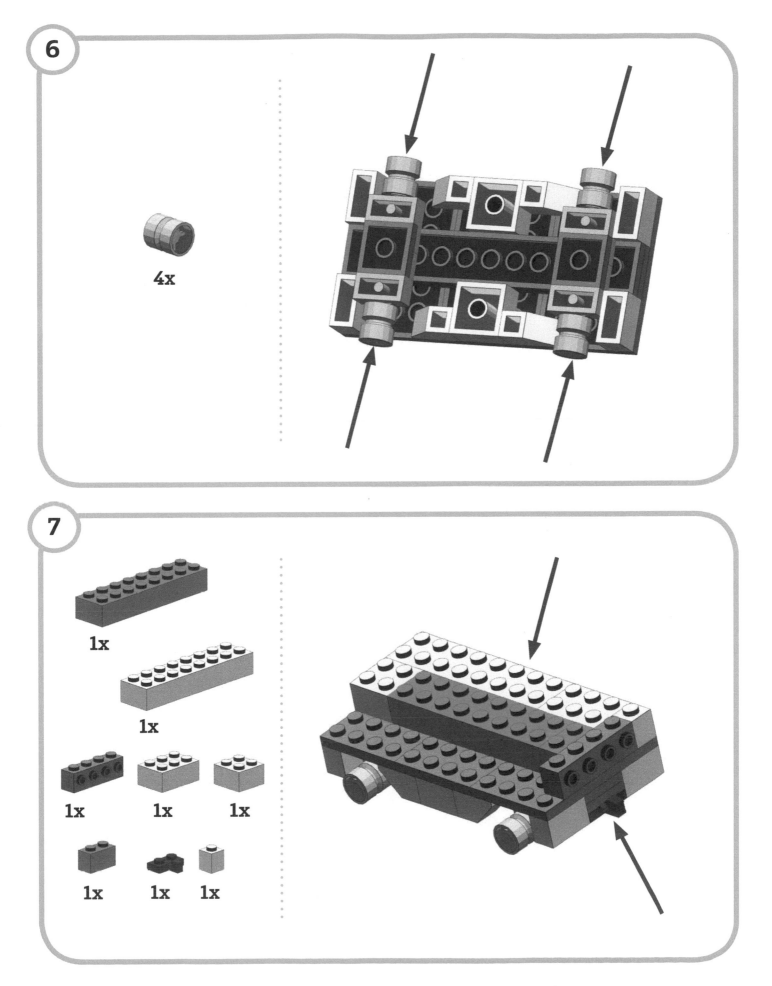

8

1x

1x

1x   1x

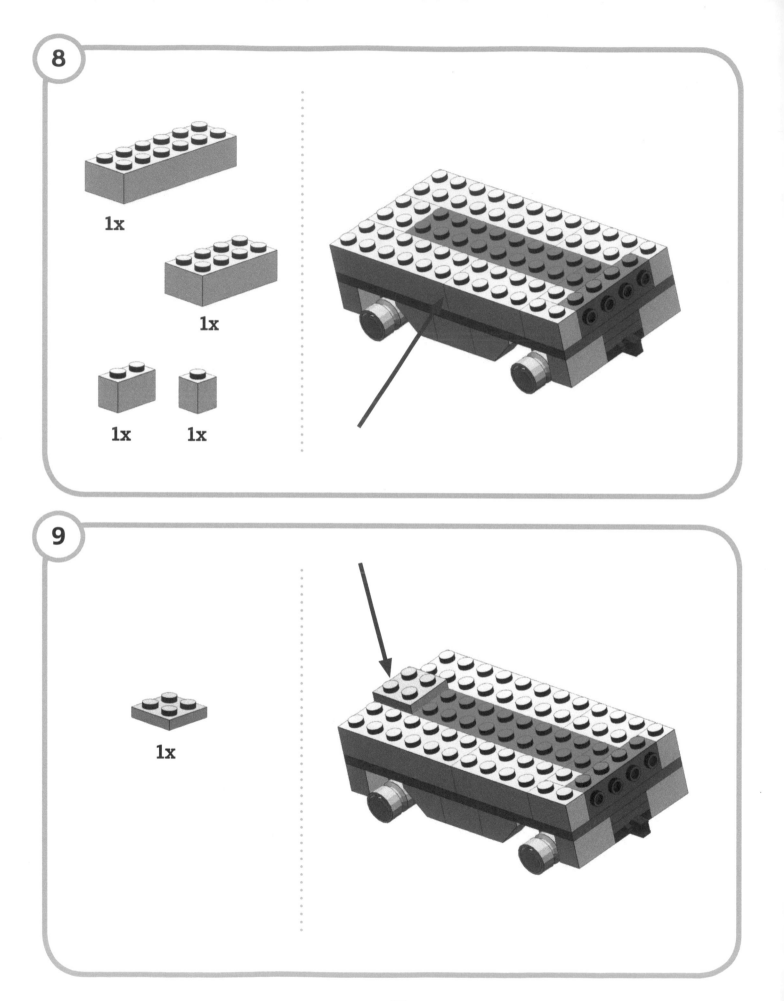

9

1x

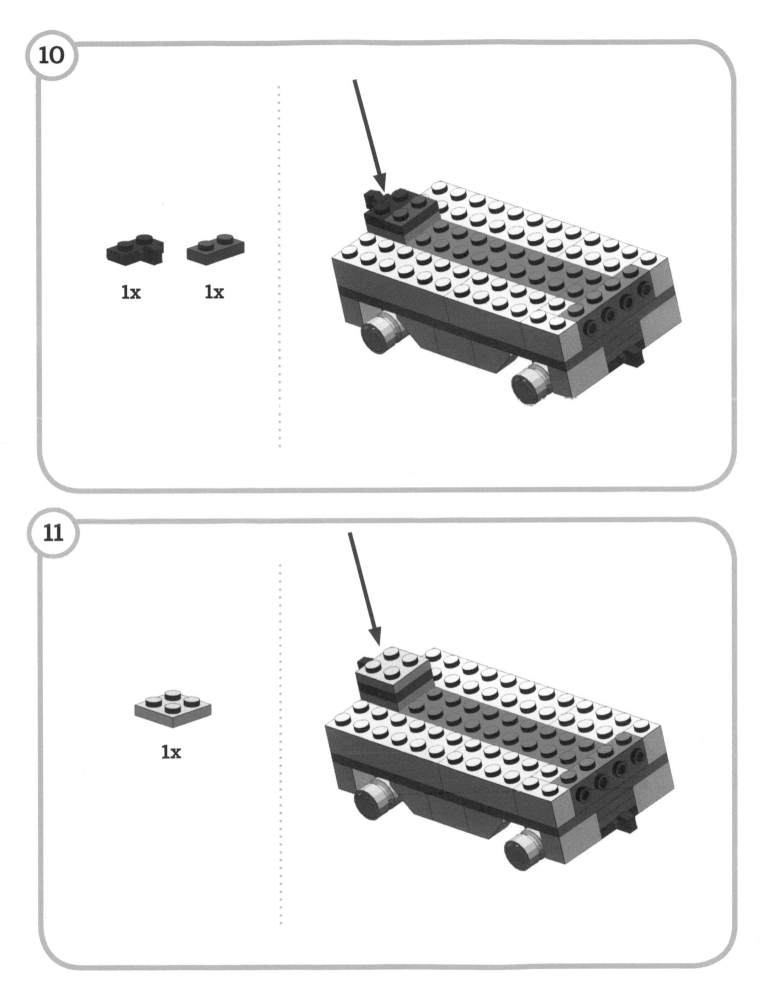

12

1x

2x

2x

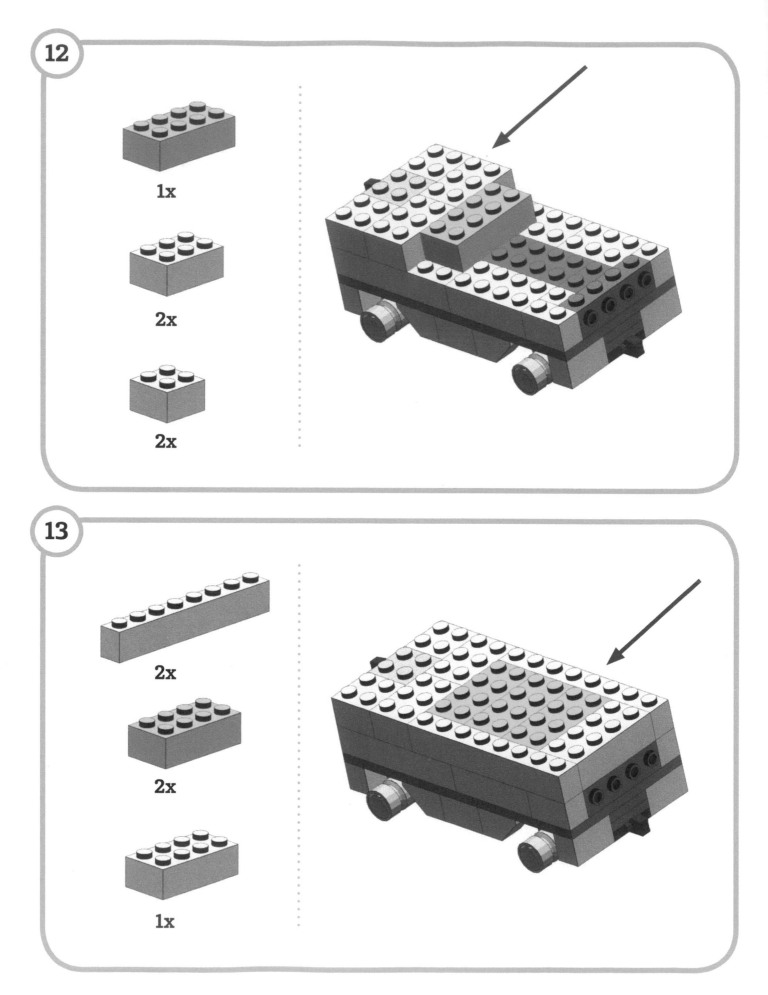

13

2x

2x

1x

14

3x

15

3x

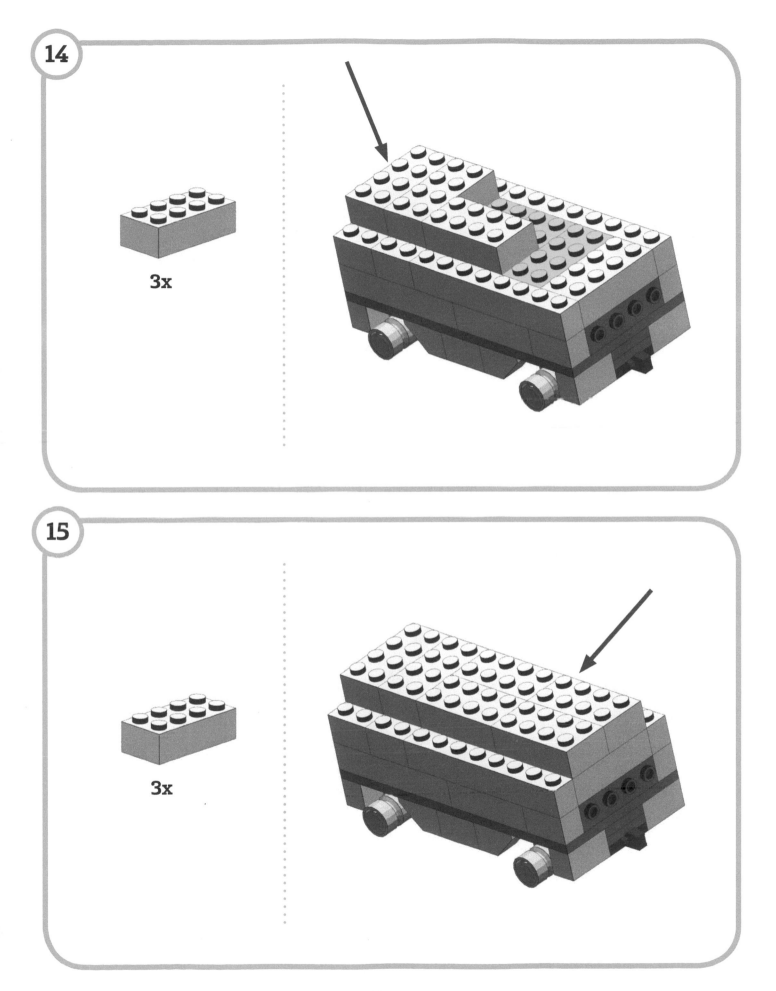

16

1x

2x

1x

2x

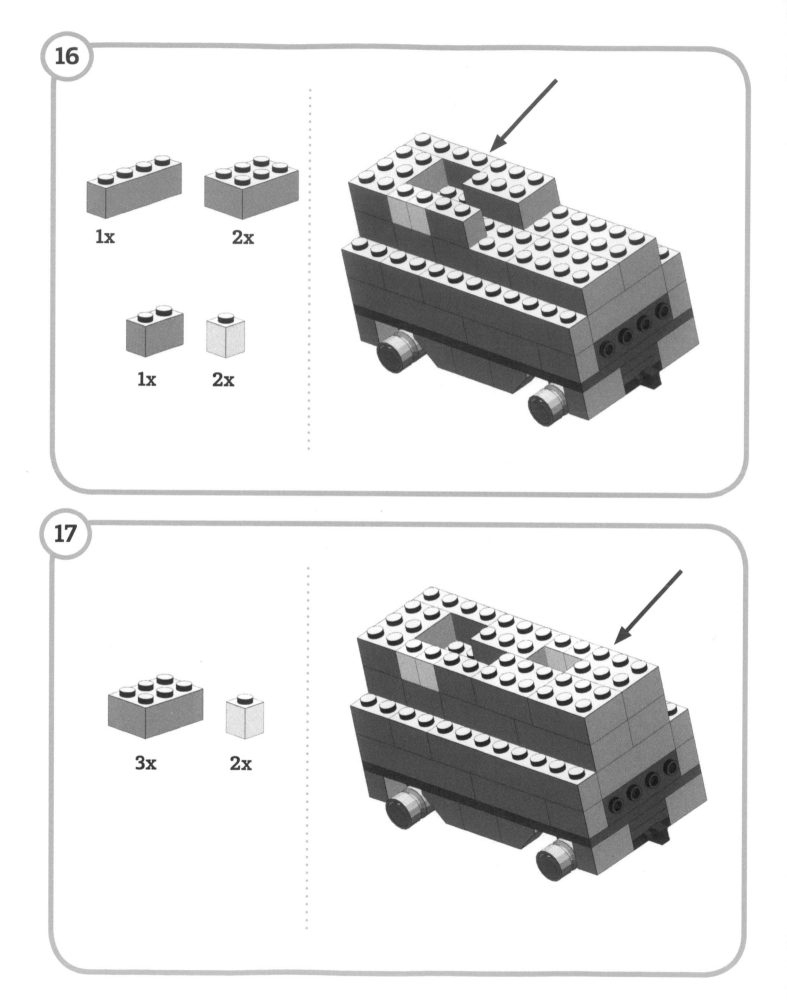

17

3x

2x

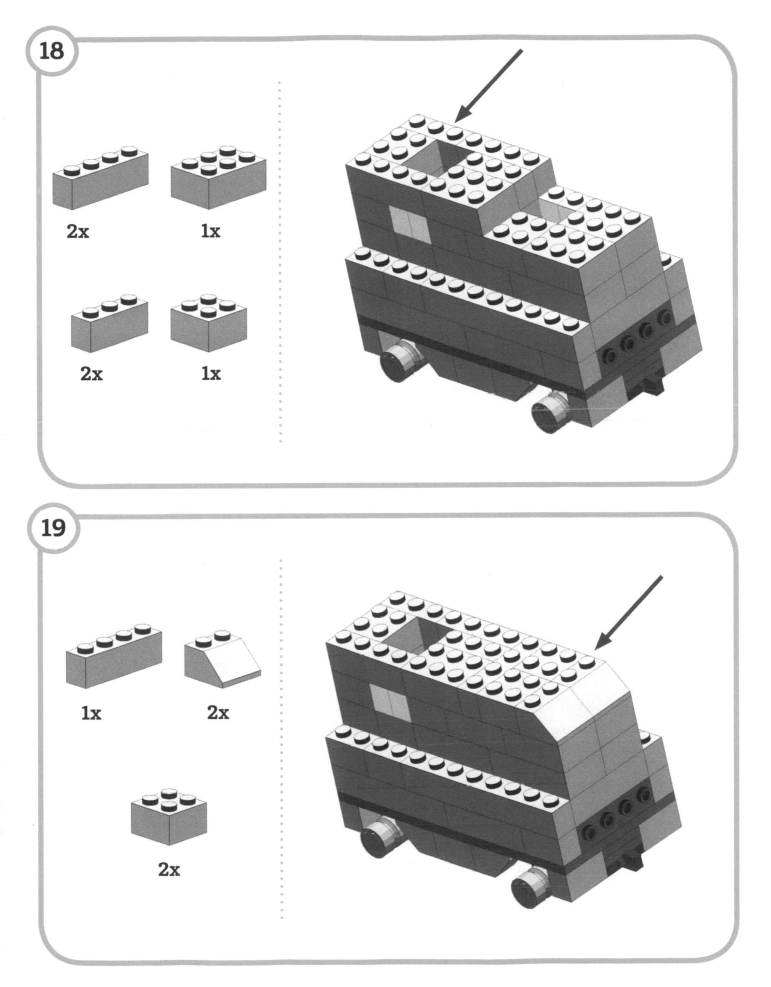

18

2x
1x

2x
1x

19

1x
2x

2x

20

2x

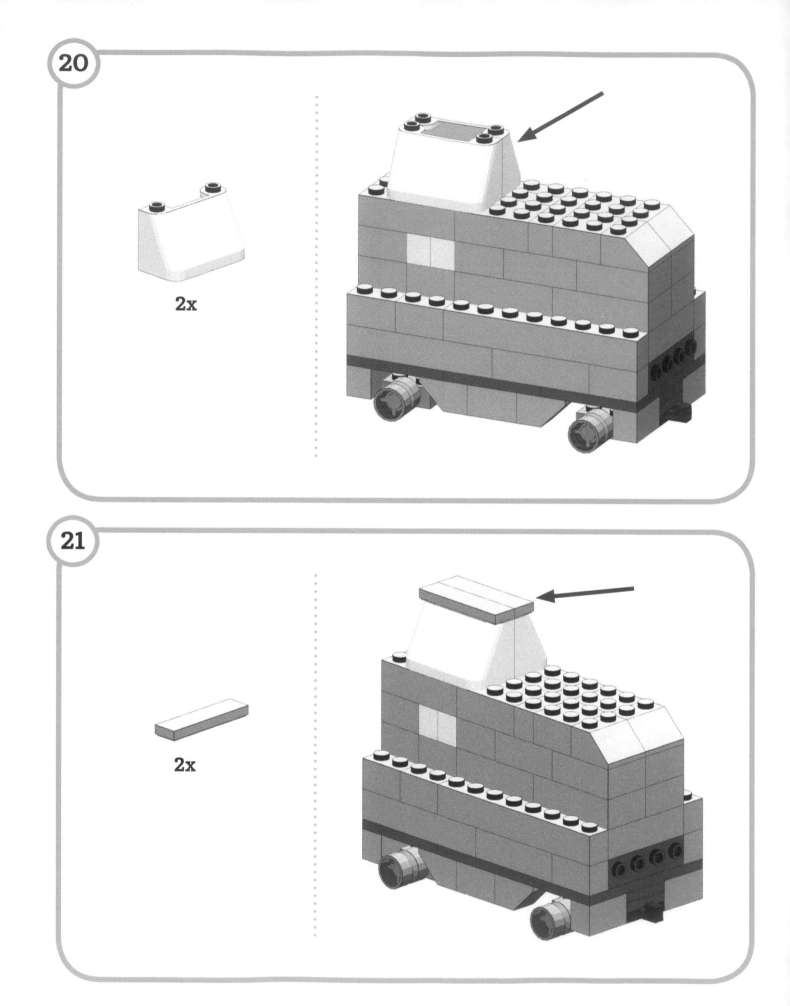

21

2x

22

1x   1x

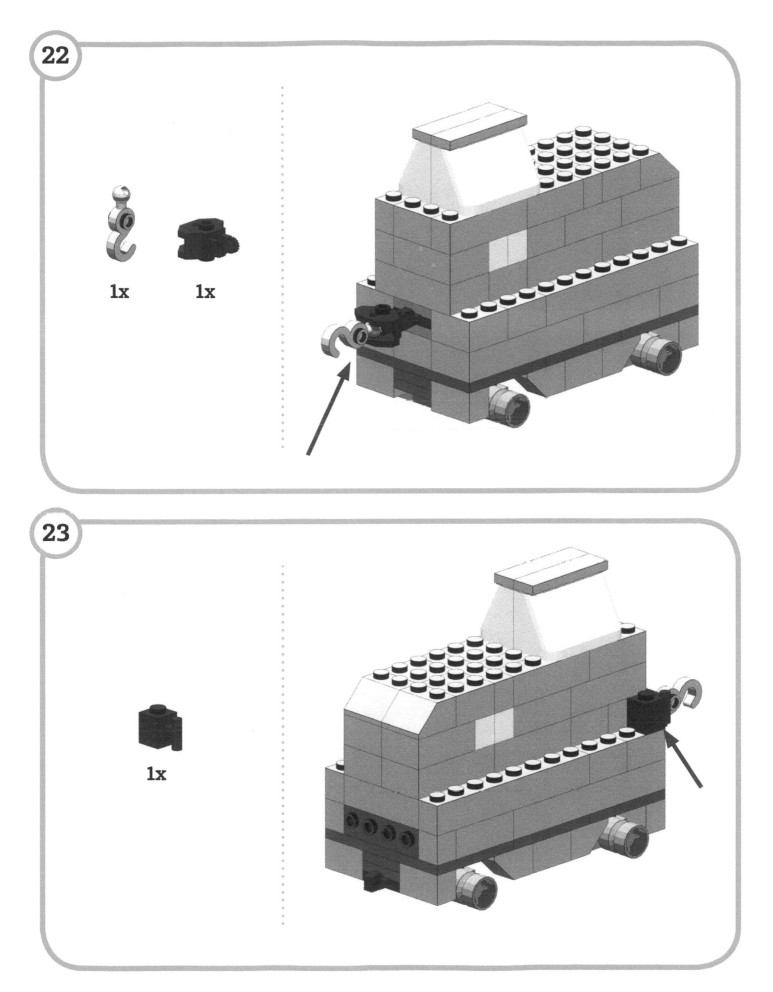

23

1x

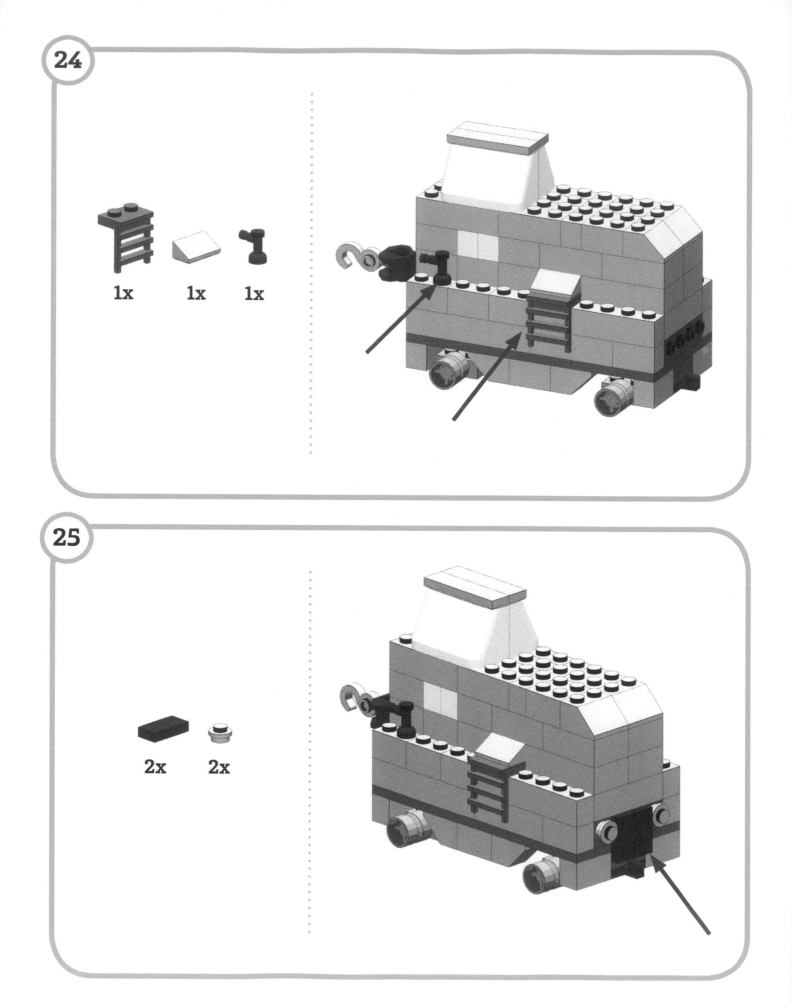

24

1x 1x 1x

25

2x 2x

Build the Green Purple Autorack

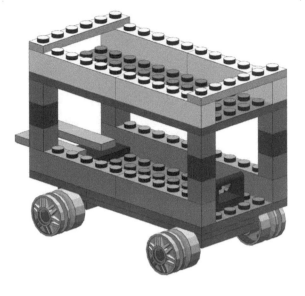

1x 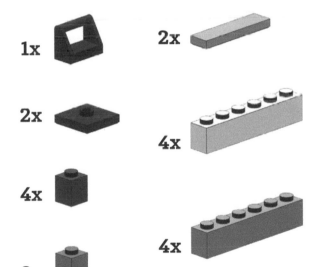 2x  4x  2x

2x

4x

4x

8x

4x

2x

6x

2x

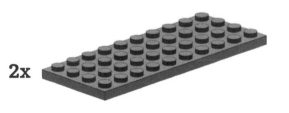

1

3x

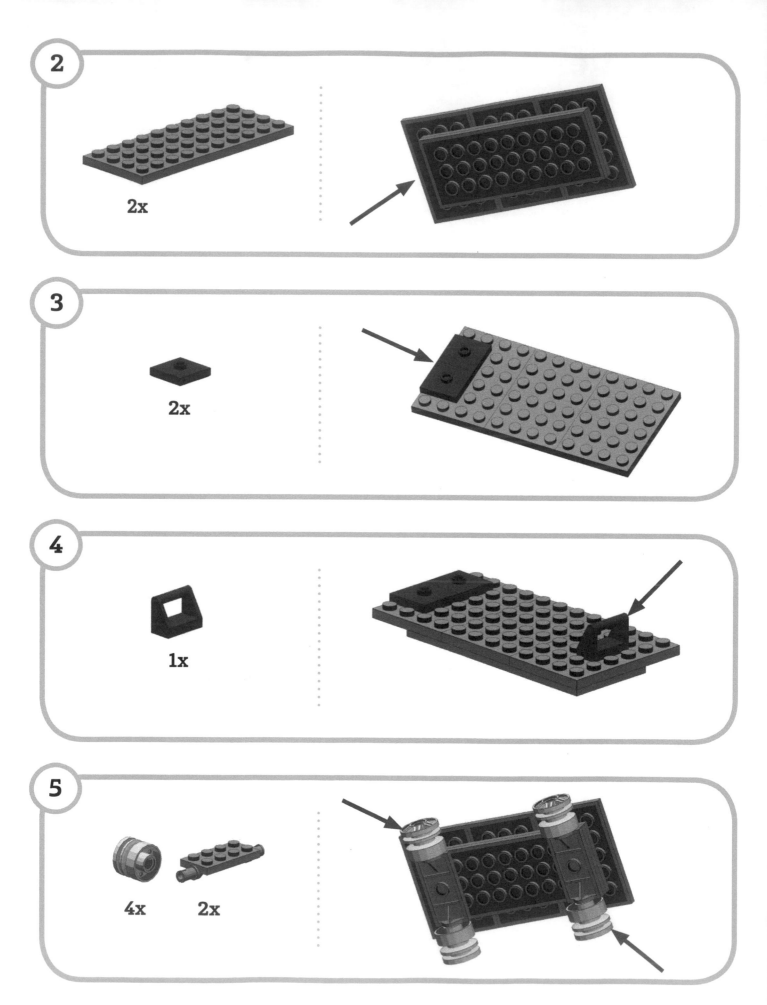

2

2x

3

2x

4

1x

5

4x   2x

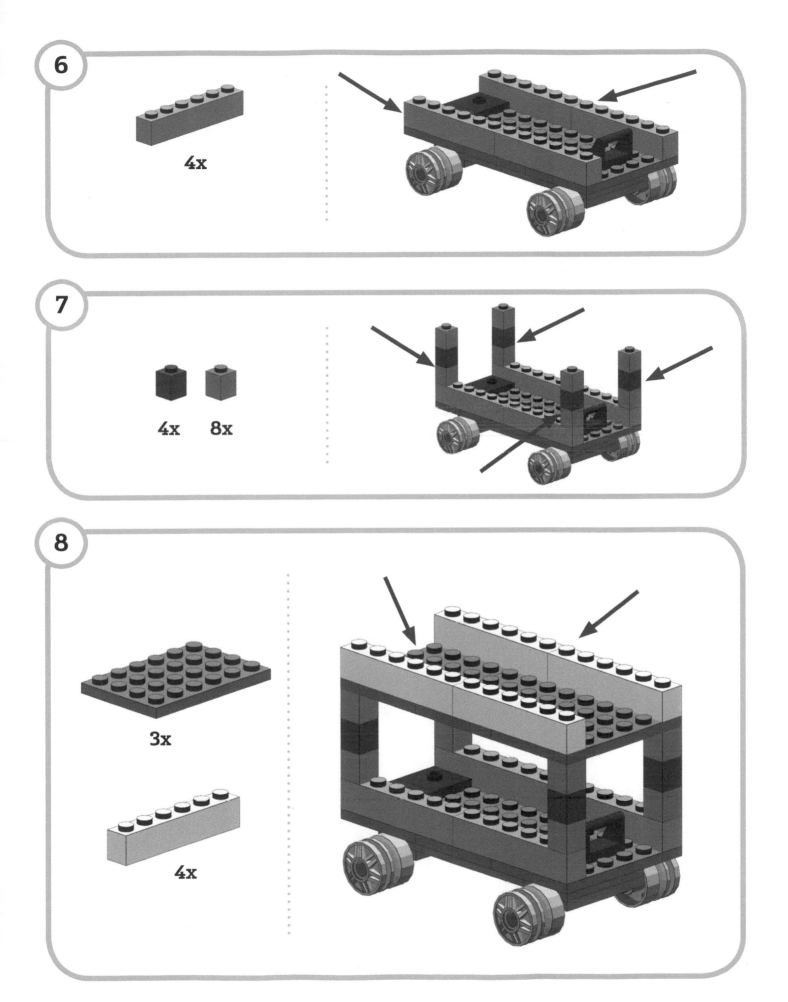

6

4x

7

4x 8x

8

3x

4x

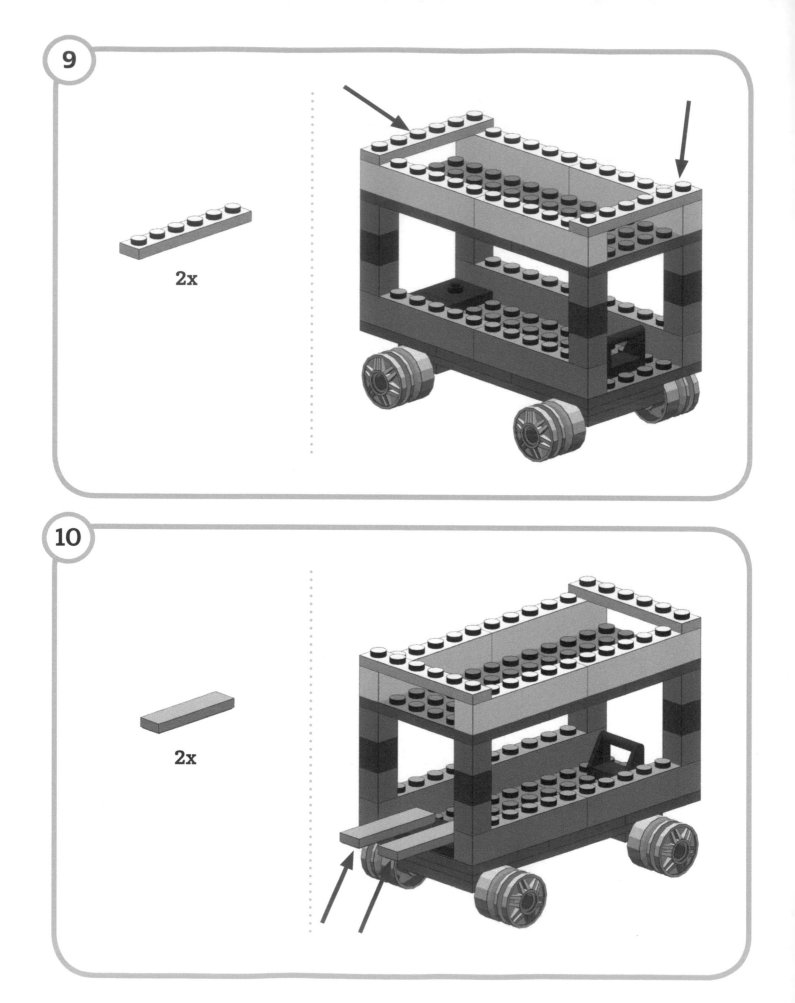

9

2x

10

2x

Build the Pink Sports Car

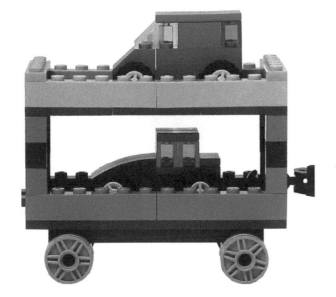

4x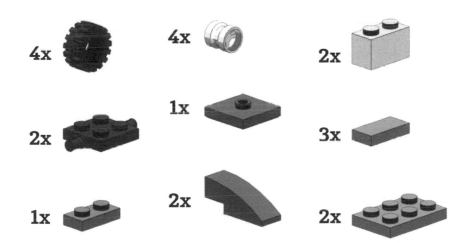

4x

2x

2x

1x

3x

1x

2x

2x

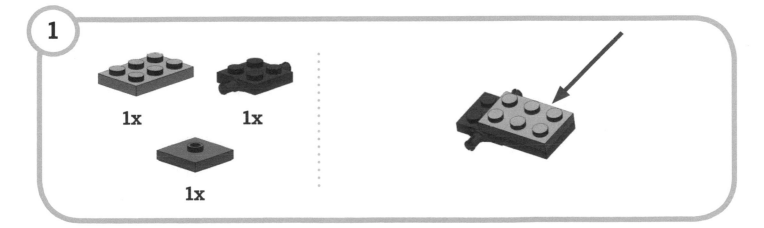

1

1x   1x

1x

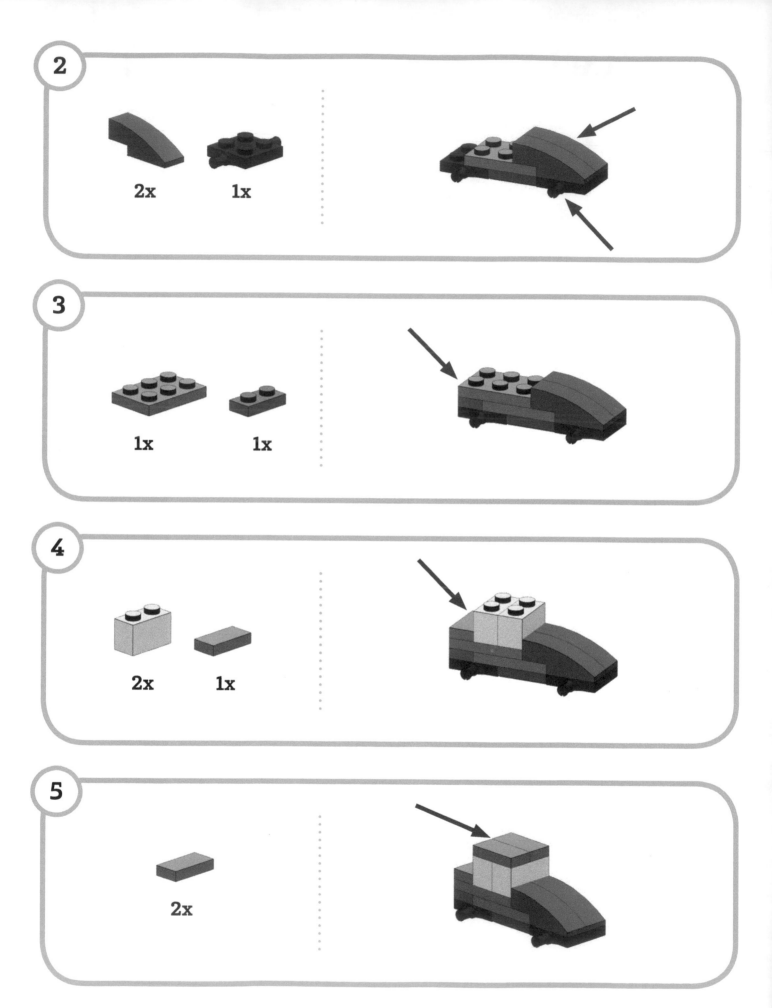

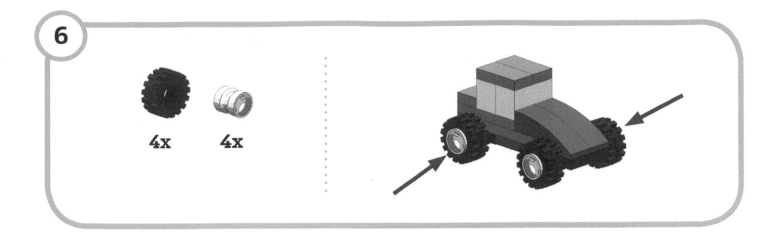

6

Build the Blue Van

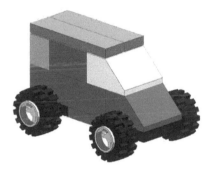

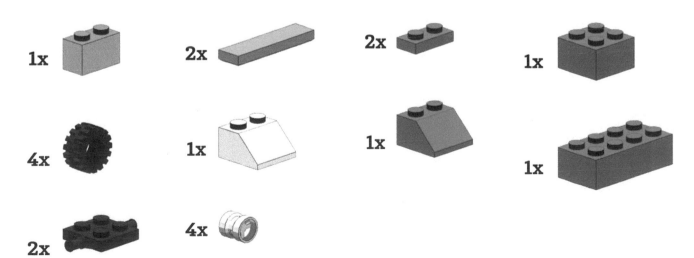

1x   2x   2x   1x

4x   1x   1x   1x

2x   4x

1

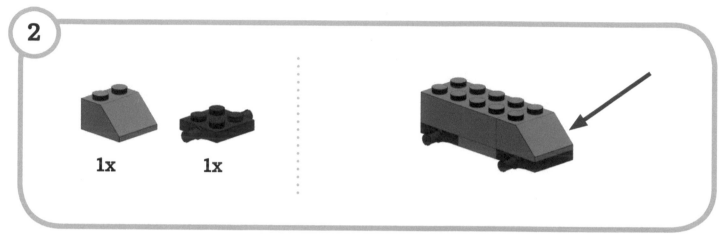

1x   1x

2x

2

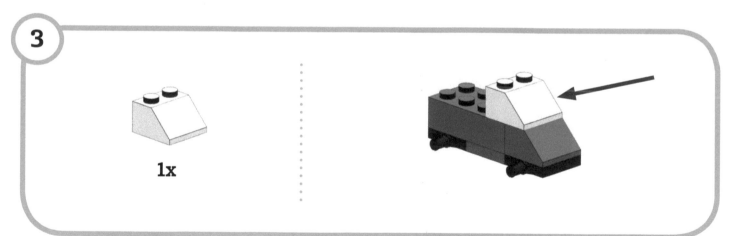

1x   1x

3

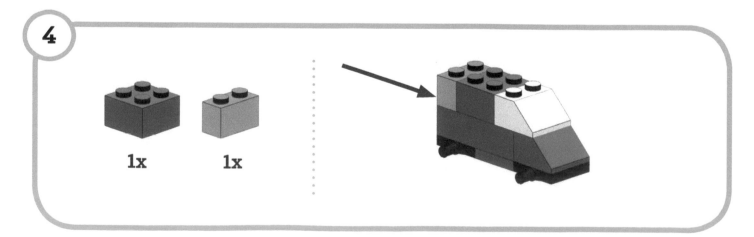

1x

4

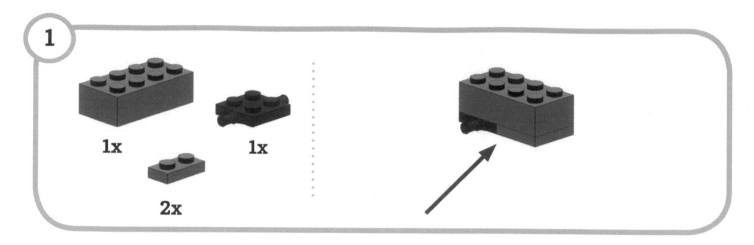

1x   1x

5

2x

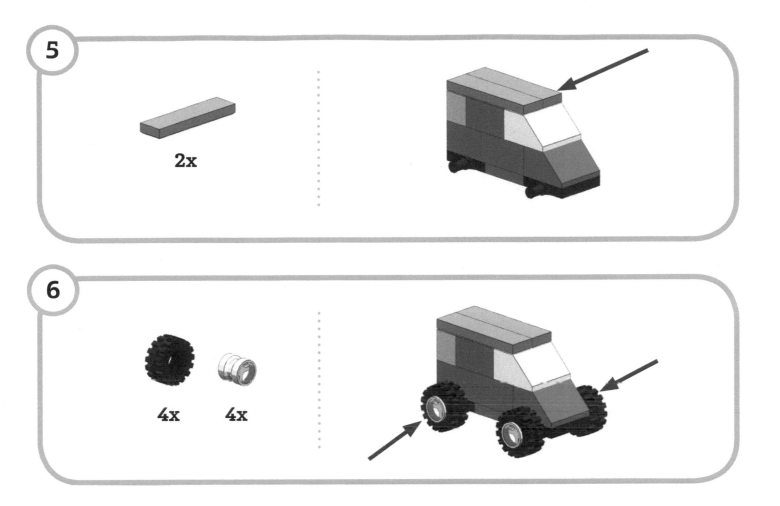

6

4x   4x

Build the Pink Blue Autorack

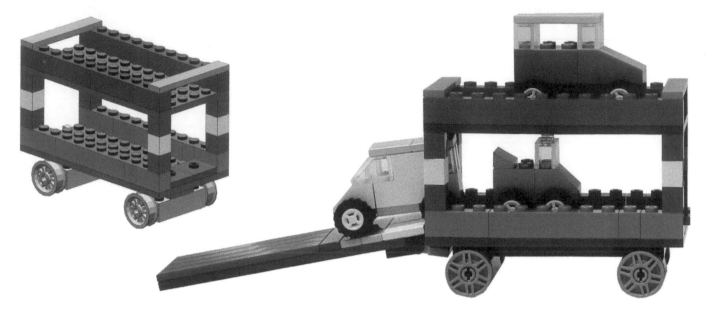

8x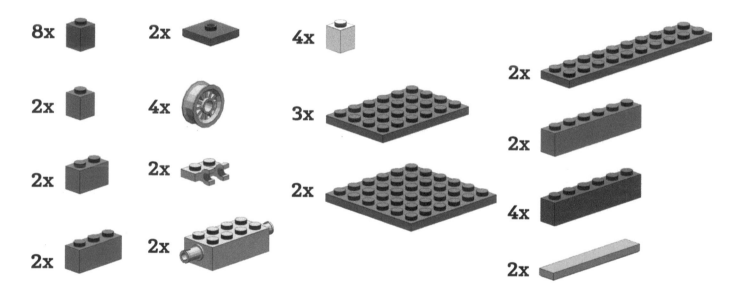

2x

4x

2x

4x

3x

2x

2x

2x

2x

2x

4x

2x

2x

2x

1

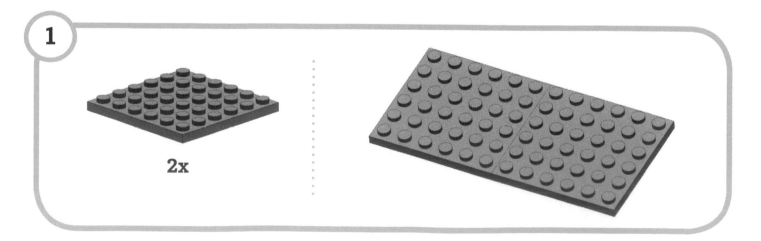

2x

86

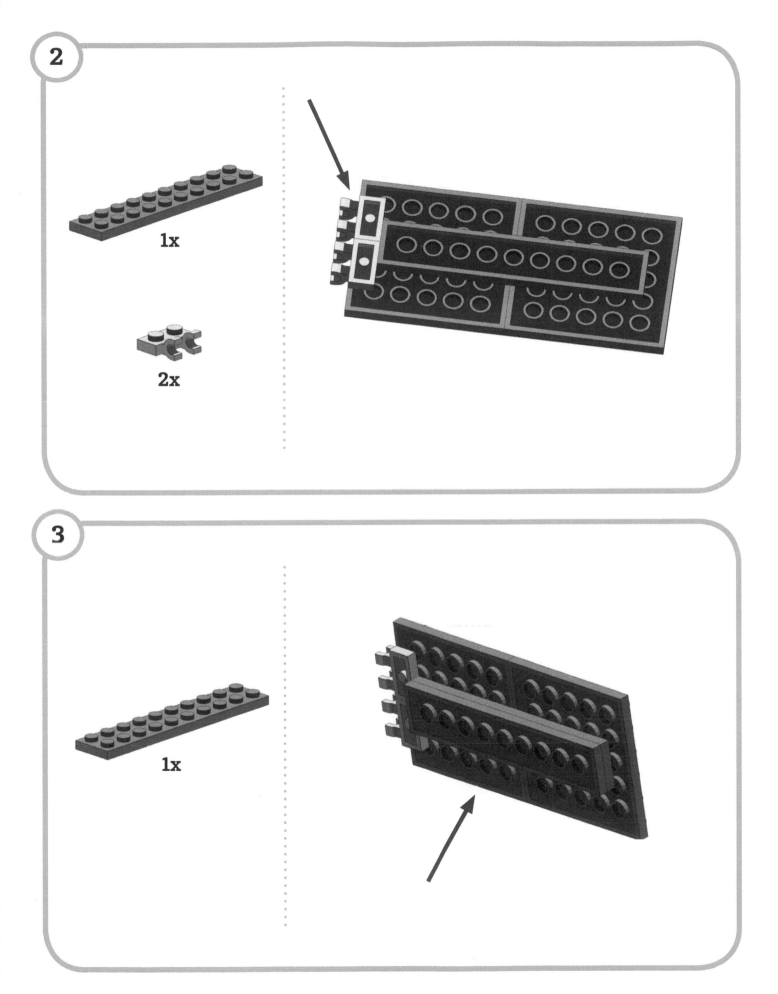

2

1x

2x

3

1x

4

2x

4x

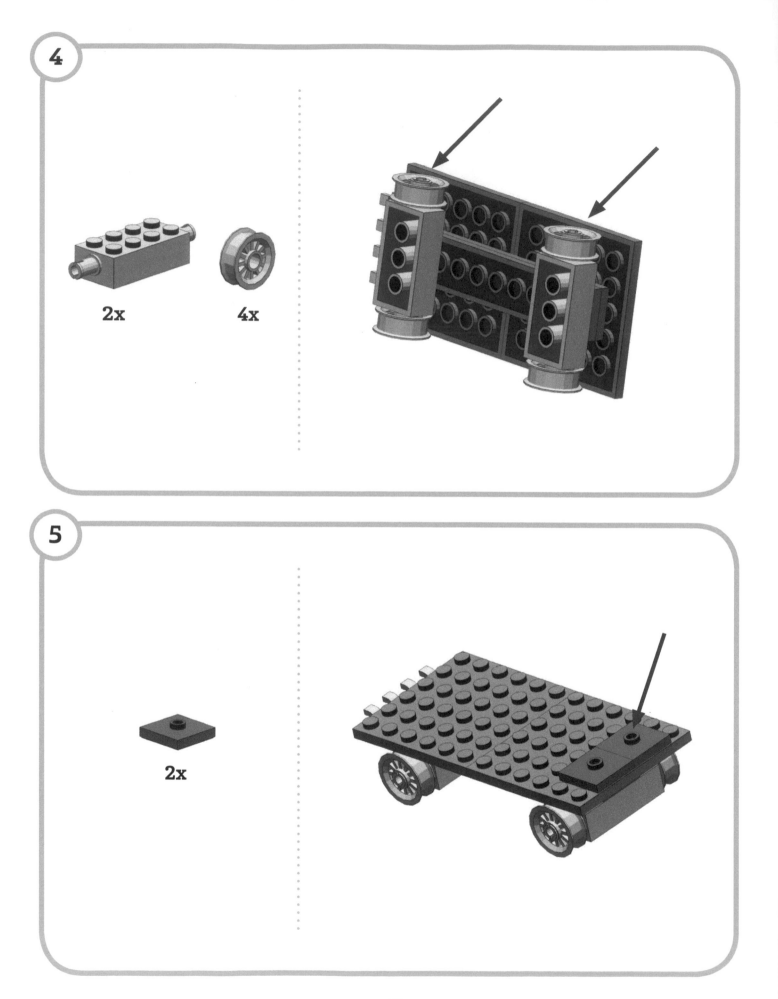

5

2x

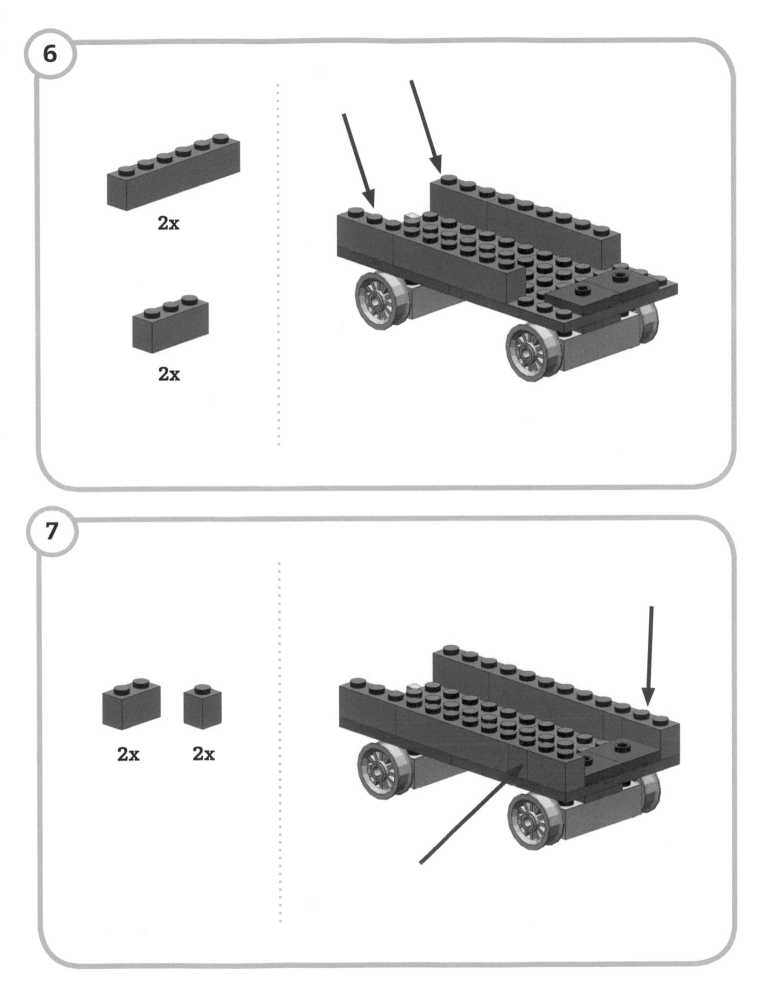

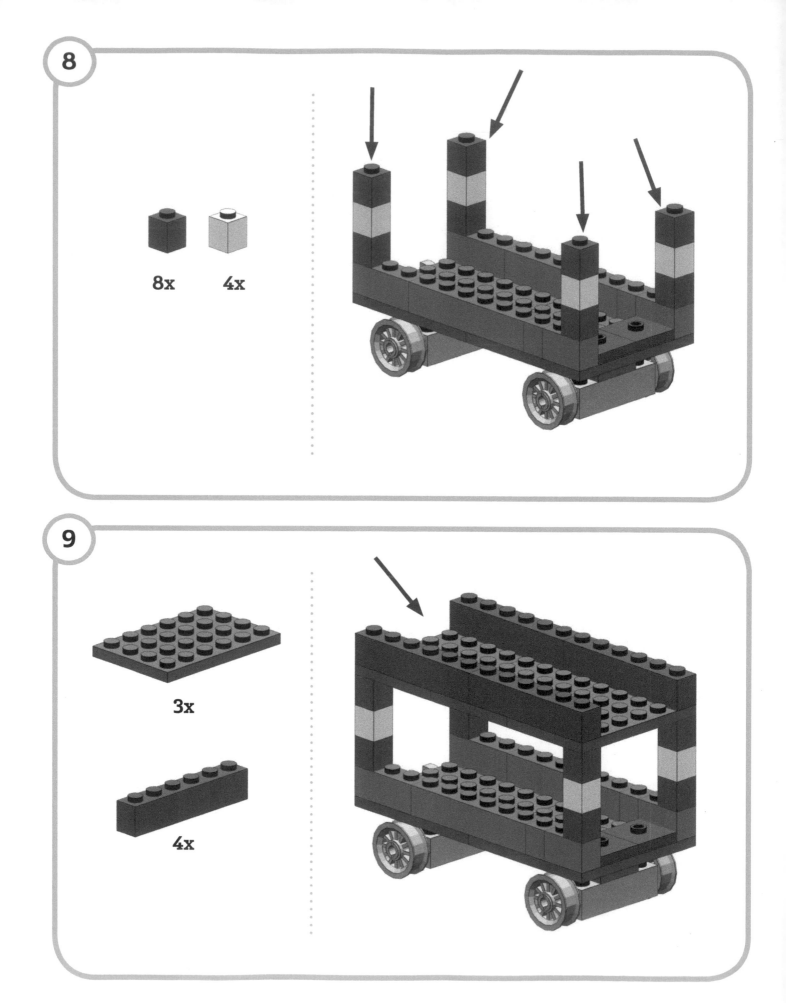

8

8x 4x

9

3x

4x

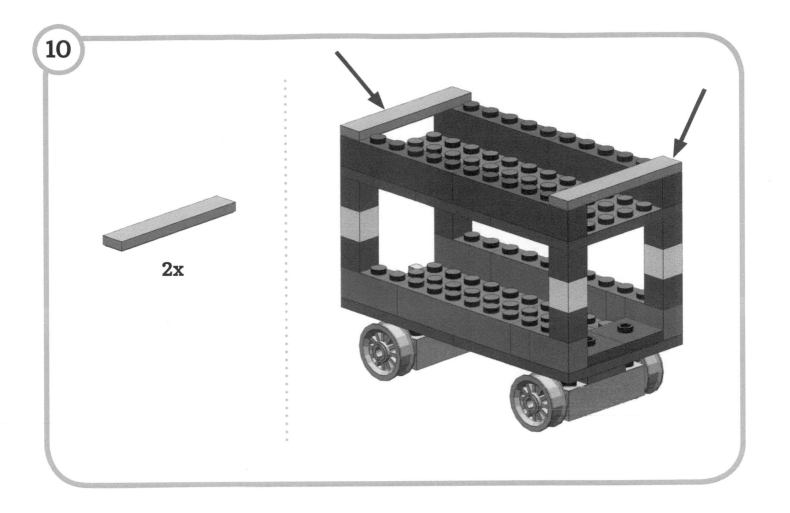

2x

Build the Yellow Car

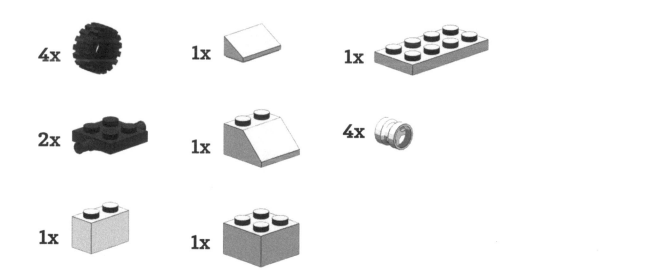

4x 1x 1x

2x 1x 4x

1x 1x

1

1x   2x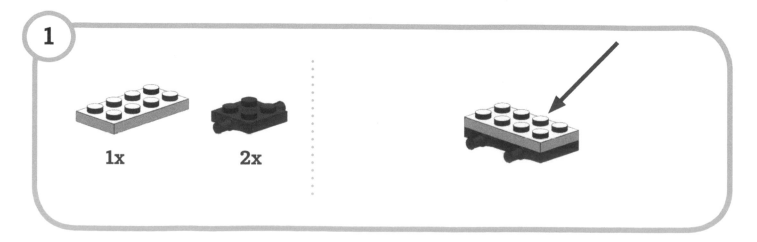

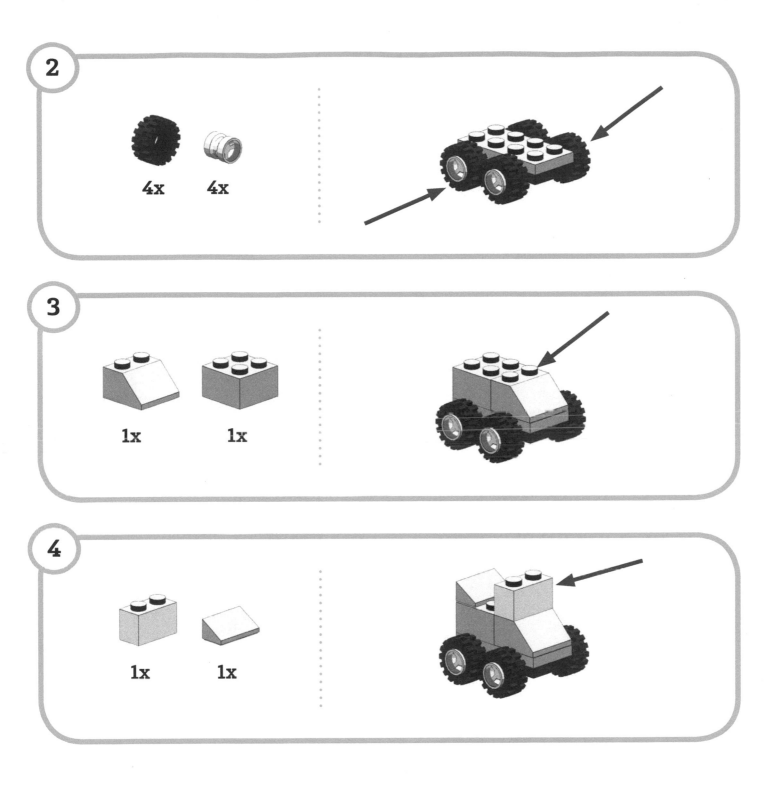

2

4x 4x

3

1x 1x

4

1x 1x

Build the Green SUV

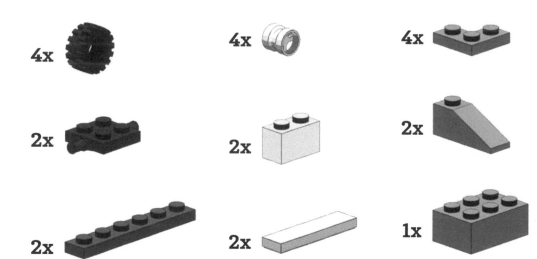

4x

4x

4x

2x

2x

2x

2x

2x

1x

1

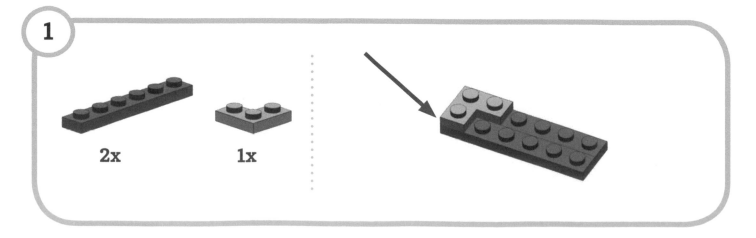

2x

1x

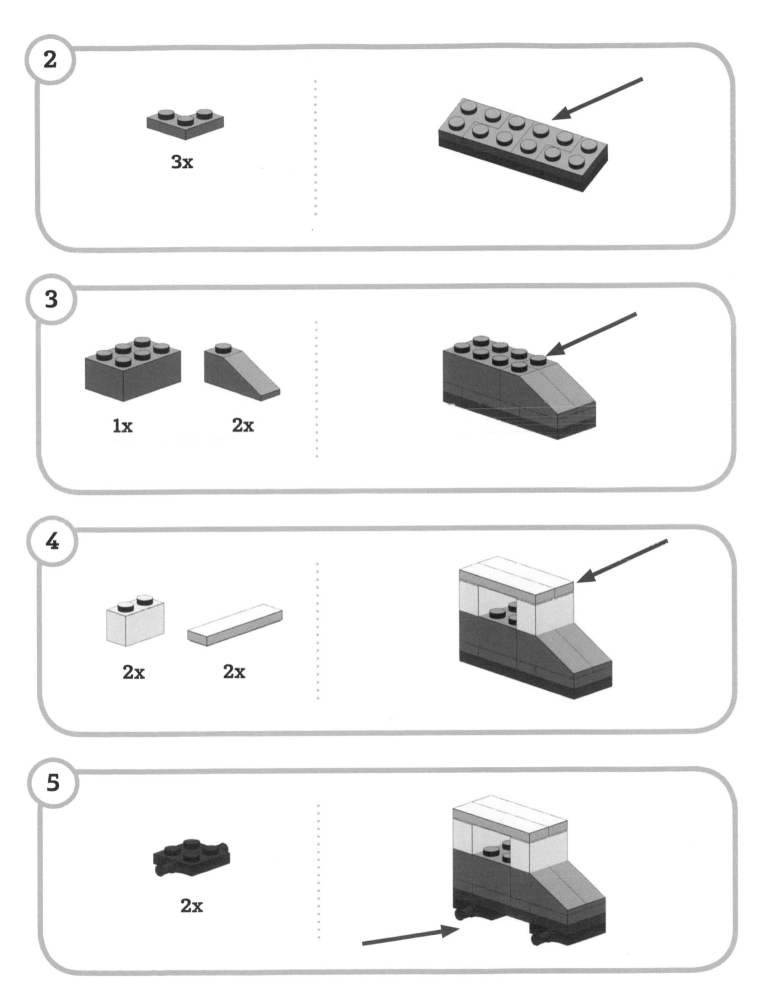

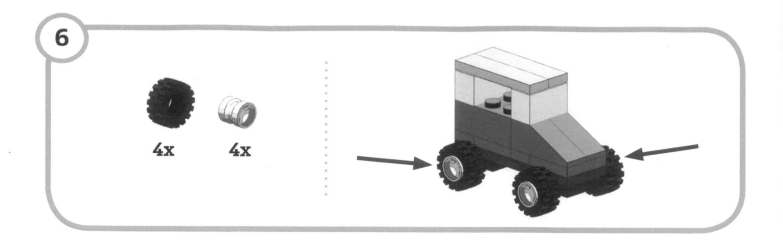

Build the White Van

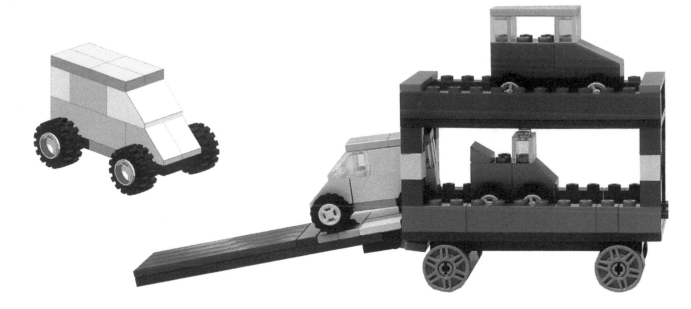

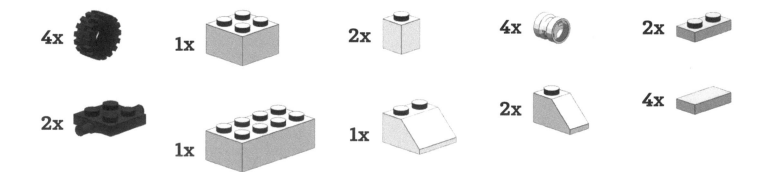

1

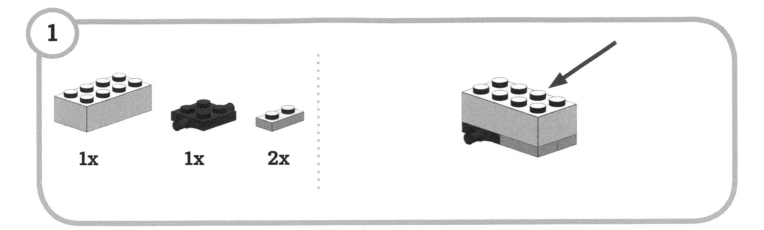

1x   1x   2x

2

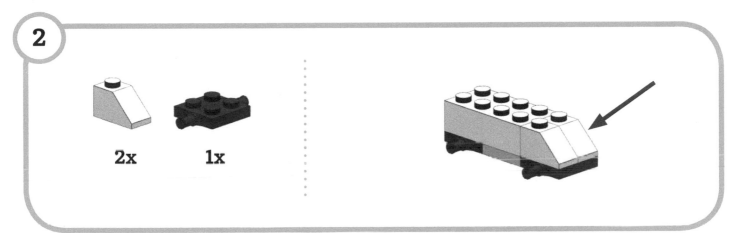

2x   1x

3

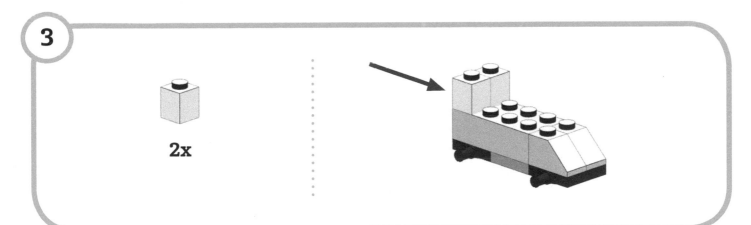

2x

4

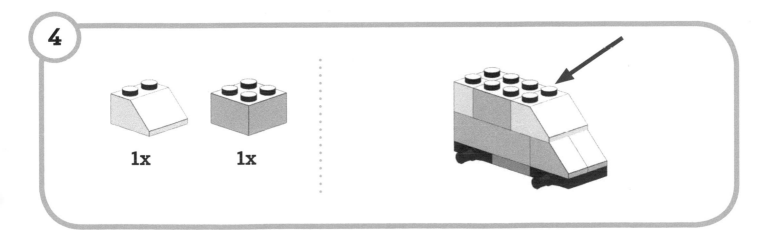

1x   1x

5

4x

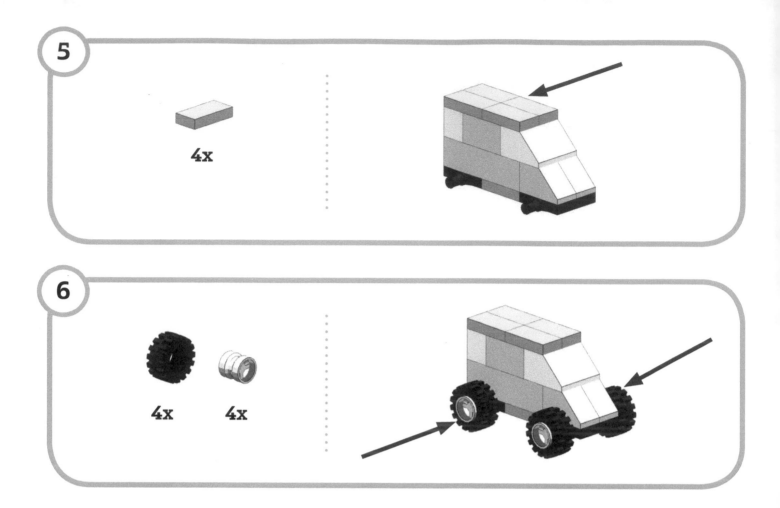

6

4x　　4x

Build the Ramp

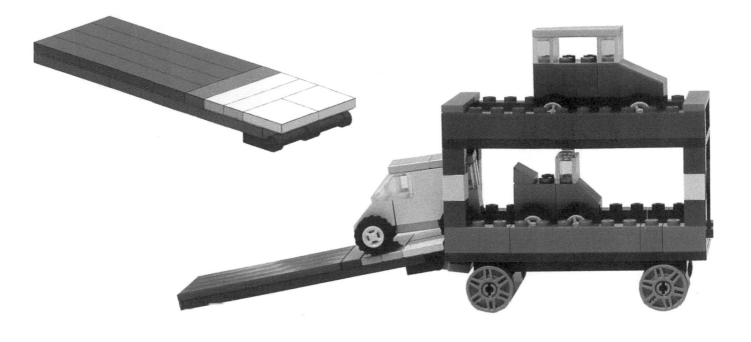

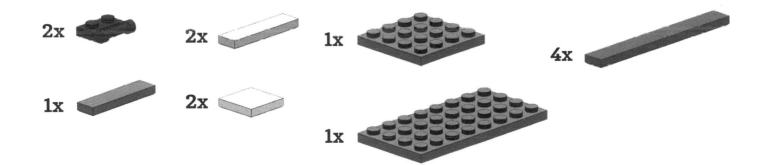

2x · 2x · 1x · 4x · 1x · 2x · 1x

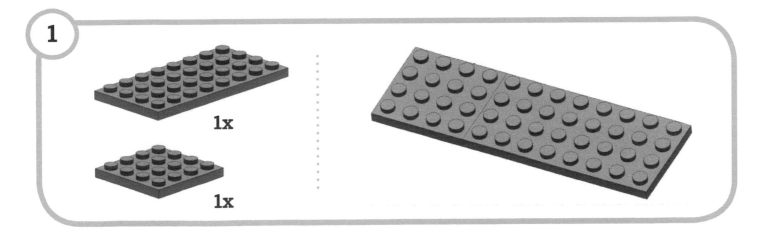

1

1x

1x

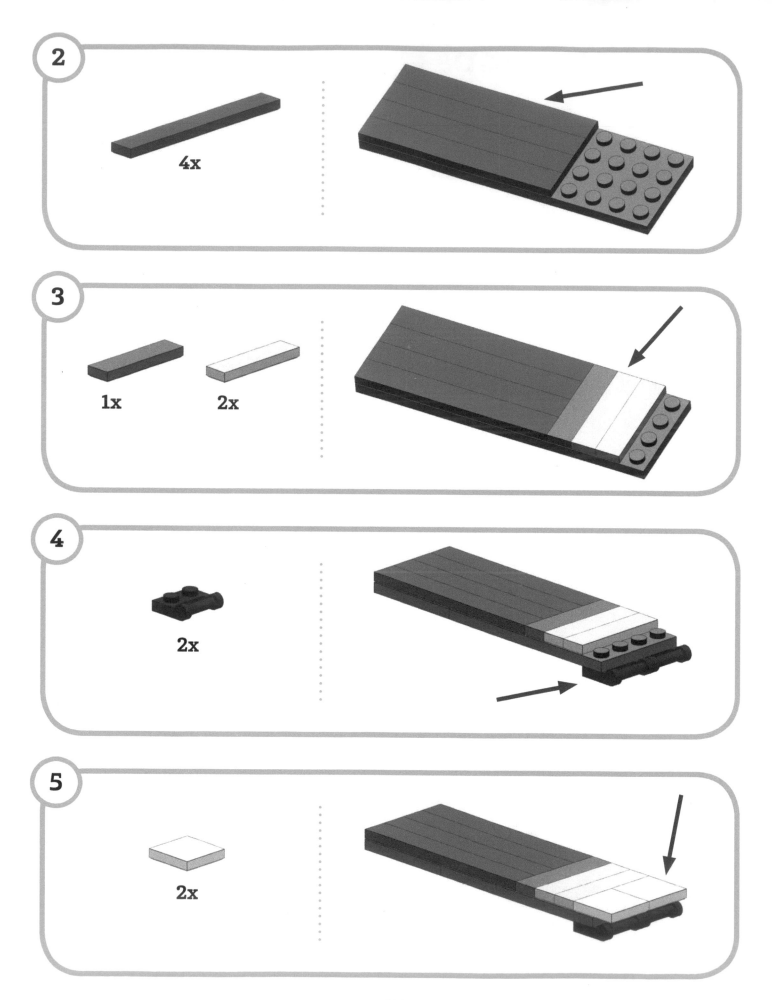

2

4x

3

1x   2x

4

2x

5

2x

Library of Congress Control Number: 2017956818
ISBN: 9781513261133 (paperback) | 9781513261140 (hardbound) | 9781513261157 (e-book)

Graphic Arts Books
An imprint of

GRAPHIC ARTS
BOOKS®
GraphicArtsBooks.com

GRAPHIC ARTS BOOKS
Publishing Director: Jennifer Newens
Marketing Manager: Angela Zbornik
Editor: Olivia Ngai
Design & Production: Rachel Lopez Metzger

Proudly distributed by Ingram Publisher Services.

The following artists hold copyright to their images as indicated: Passenger Train, pages 6-7: KID_A/ Shutterstock.com; Bullet Train, pages 20-21: ActiveLines/Shutterstock.com; Freight Train, back cover, pages 34-35: intararit/Shutterstock.com; Autorack Train, front cover, pages 62-63: voloshin311/Shutterstock.com

The author thanks the LDraw community for the parts database it makes available, which is used for making instructions found in the book. For more information on LDraw, please visit ldraw.org.

Make sure your Build It! library is complete

○ Volume 1

○ Volume 2

○ Volume 3

○ World Landmarks

○ Things that Fly

○ Things that Go

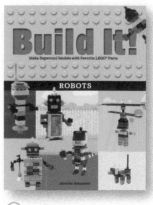

○ Things that Float

○ Robots

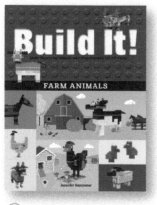

○ Farm Animals

○ Dinosaurs

○ Trains

○ Sea Life

Visit GraphicArtsBooks.com for more titles in the series

Printed in the USA
CPSIA information can be obtained
at www.ICGtesting.com
JSHW070157191223
53974JS00019B/413

9 781513 261133